# पथिक की राह -2

## KALAM KE AGAZ

शिवांशु - तनु

मेरी यह पुस्तक राष्ट्र के युवा प्रेमी को समर्पित है ...!!!

# क्रम-सूची

# क्रम-सूची

# क्रम-सूची

# भूमिका

Mitra Mandali

# 1. प्रेम

मूल रूप से प्रेम का मतलब है कि कोई और आपसे कहीं ज्यादा महत्वपूर्ण हो चुका है। यह दुखदायी भी हो सकता है, क्योंकि इससे आपके अस्तित्व को खतरा है। जैसे ही आप किसी से कहते हैं, 'मैं तुमसे प्रेम करता हूं', आप अपनी पूरी आजादी खो देते है। आपके पास जो भी है, आप उसे खो देते हैं। जीवन में आप जो भी करना चाहते हैं, वह नहीं कर सकते। बहुत सारी अड़चनें हैं, लेकिन साथ ही यह आपको अपने अंदर खींचता चला जाता है। यह एक मीठा जहर है, बेहद मीठा जहर। यह खुद को मिटा देने वाली स्थिति है।

अगर आप खुद को नहीं मिटाते, तो आप कभी प्रेम को जान ही नहीं पाएंगे। आपके अंदर का कोई न कोई हिस्सा मरना ही चाहिए। आपके अंदर का वह हिस्सा, जो अभी तक 'आप' था, उसे मिटना होगा, जिससे कि कोई और चीज या इंसान उसकी जगह ले सके। अगर आप ऐसा नहीं होने देते, तो यह प्रेम नहीं है, बस हिसाब-किताब है, लेन-देन है।

जीवन में हमने कई तरह के संबंध बना रखे हैं, जैसे पारिवारिक संबंध, वैवाहिक संबंध, व्यापारिक संबंध, सामाजिक संबंध आदि। ये संबंध हमारे जीवन की बहुत सारी जरूरतों को पूरा करते हैं। ऐसा नहीं है कि इन संबंधों में प्रेम जताया नहीं जाता या होता ही नहीं। बिलकुल होता

है। प्रेम तो आपके हर काम में झलकना चाहिए। आप हर काम प्रेमपूर्वक कर सकते हैं। लेकिन जब प्रेम की बात हम एक आध्यात्मिक प्रक्रिया के रूप में करते हैं, तो इसे खुद को मिटा देन की प्रक्रिया की तरह देखते हैं। जब हम 'मिटा देने' की बात कहते हैं तो हो सकता है, यह नकारात्मक लगे।

जब आप वाकई किसी से प्रेम करते हैं तो आप अपना व्यक्तित्व, अपनी पसंद-नापसंद, अपना सब कुछ समर्पित करने के लिए तैयार होते हैं। जब प्रेम नहीं होता, तो लोग कठोर हो जाते हैं। जैसे ही वे किसी से प्रेम करने लगते हैं, तो वे हर जरूरत के अनुसार खुद को ढालने के लिए तैयार हो जाते हैं। यह अपने आप में एक शानदार आध्यात्मिक प्रक्रिया है, क्योंकि इस तरह आप लचीले हो जाते हैं। प्रेम बेशक खुद को मिटाने वाला है और यही इसका सबसे खूबसूरत पहलू भी है।

आप इसे कुछ भी कह लें - मिटाना कह लें या मुक्ति कह लें, विनाश कह लें या निर्वाण कह लें। जब हम कहते हैं, 'शिव विनाशक हैं,' तो हमारा मतलब होता है कि वह मजबूर करने वाले प्रेमी हैं। जरूरी नहीं कि प्रेम खुद को मिटाने वाला ही हो, यह महज विनाशक भी हो सकता है। यह इस बात पर निर्भर करता है कि आप किसके प्रेम में पड़े हैं। तो शिव आपका विनाश करते हैं, क्योंकि अगर वह आपका विनाश नहीं करेंगे तो यह प्रेम संबंध असली नहीं है। आपके विनाश से मेरा मतलब यह नहीं है कि आपके घर का, आपके व्यापार का या किसी और चीज का विनाश। जिसे आप 'मैं' कहते हैं, जो आपका सख्त व्यक्तित्व है, प्रेम की प्रक्रिया में उसका विनाश होता है,

और यही खुद को मिटाना है।

जब आप प्रेम में डूब जाते हैं तो आपके सोचने का तरीका, आपके महसूस करने का तरीका, आपकी पसंद-नापसंद, आपका दर्शन, आपकी विचारधारा सब कुछ पिघल जाता है। आपके भीतर ऐसा अपने आप होना चाहिए, और इसके लिए आप किसी और इंसान का इंतजार मत कीजिए कि वह आकर यह सब करे। इसे अपने लिए खुद कीजिए, क्योंकि प्रेम के लिए आपको किसी दूसरे इंसान की जरूरत नहीं है। आप बस यूं ही किसी से भी प्रेम कर सकते हैं। अगर आप बस किसी के भी प्रति हद से ज्यादा गहरा प्रेम पैदा कर लेते हैं - जो आप बिना किसी बाहरी चीज के भी कर सकते हैं - तो आप देखेंगे कि इस 'मैं' का विनाश अपने आप होता चला जाएगा।

प्रेम कोई भावना नहीं है, प्रेम तो आपका अस्तित्व है। हर व्यक्ति के परे प्रेम है। व्यक्तित्व बदलता है। शरीर, मन और व्यवहार हमेशा बदलते रहते हैं। हर व्यक्तित्व से परे अपरिवर्तनशील प्रेम है; वह प्रेम तुम हो। जब स्वयं को खो दोगे, तो स्वयं को पा लोगे। घटना के पीछे की घटना ज्ञान है। वस्तु के पीछे की वस्तु अनन्त है। व्यक्ति के परे व्यक्ति प्रेम है।

वस्तु के परे अनन्त है। व्यक्ति के परे प्रेम है। घटना, व्यक्तित्व और वस्तु में फँस जाना माया है। घटना, व्यक्तित्व और वस्तु के परे देखना प्रेम है। देखने का जरा सा ही फेर है।

प्रेम के तीन प्रकार होते हैं:

प्रेम जो आकर्षण से पैदा होता है।

जो सुख सुविधा के लोभ से पैदा होता है।

और, दिव्य प्रेम।

प्रेम जो आकर्षण से पैदा होता वह क्षणिक होता हैं क्योंकि वह अज्ञान या सम्मोहन के कारण से होता है। इसमें आपका आकर्षण से जल्दी ही मोह भंग हो जाता है और आप ऊब जाते हैं। यह प्रेम धीरे-धीरे कम होने लगता है और भय, अनिश्चिता, असुरक्षा और उदासी लाता है। जो प्रेम सुख सुविधा से मिलता है वह घनिष्टता लाता है परन्तु उसमें कोई जोश, उत्साह, या आनंद नहीं होता है। उदाहरण के लिए आप एक नए मित्र की तुलना में अपने पुराने मित्र के साथ अधिक सुविधापूर्ण महसूस करते हैं क्योंकि वह आपसे परिचित है।दिव्य प्रेम सबसे उच्च कोटि का प्रेम है। यह सदाबहार होता है और सदा नवीन बना रहता है। आप जितना इसके निकट जाएँगे उतना ही इसमें अधिक आकर्षण और गहनता आती है। इसमें कभी भी थकान नहीं आती है और यह हर किसी को उत्साह में रखता है।सांसारिक प्रेम सागर के जैसा है, परन्तु सागर की भी सीमा होती है। दिव्य प्रेम आकाश के जैसा है जिसकी कोई सीमा नहीं है। सागर की सीमा से आकाश की ओर की ऊँची उड़ान भरो। ईश्वरीय प्रेम सभी संबंधो से परे है और इसमें सभी संबंध सम्मिलित होते हैं।

अक्सर लोग पहली नज़र में प्रेम को अनुभव करते हैं। फिर जैसे समय गुजरता है, यह कम और दूषित हो जाता हैं और घृणा में परिवर्तित होकर गायब हो जाता है। जब प्रेम में ज्ञान की खाद डाली गई हो तो वही प्रेम वृक्ष बन जाता हैं प्राचीन प्रेम का रूप लेकर जन्म जन्मांतर साथ रहता है। वह हमारी स्वयं की चेतना है। आप इस वर्तमान शरीर, नाम, स्वरूप और संबंधो से सीमित नहीं हैं। आपको अपना

अतीत और प्राचीनता पता न हो लेकिन बस इतना जान लें कि आप प्राचीन हैं। यह भी पर्याप्त है।

## प्रेम स्वीकार कैसे करें

कई बार प्रेम उलझा हुआ लगता है क्योंकि लोगों को यह पता ही नहीं कि प्रेम को कैसे स्वीकार किया जाये। कोई आपके पास आकर कहने लगता है, मैं आपको बहुत प्यार करता/करती हूं। बस थोड़ी ही देर में आप अपने कान बंद कर लेना चाहते हैं और कहने लगते हैं, 'बस करो, मेरे लिये यह सब बहुत भारी हो रहा है, मैं इससे भागना चाहता हूं। बात तो यह है कि वह व्यक्ति प्यार में भी घुटन महसूस करने लगता है। यह इसलिए कि हम अपने भीतर कभी उतरे ही नहीं। हमने कभी महसूस भी नहीं किया कि हम कौन हैं। हमें यह पता ही नहीं कि हम ऐसी एक चीज़ से बने हुए हैं, जिसका नाम प्रेम है। जब हम अपने खुद के साथ जुड़े हुए नहीं हैं तो फिर दूसरे के साथ जुड़ पाना इतना स्वाभाविक नहीं हो पाता। और इसलिए, दूसरा कोई आपसे जुड़ना चाहे तो आप इतने बेचैन हो जाते हैं। क्योंकि आप तो महसूस करते हैं कि आप खुद के साथ ही नहीं मिल पाये हैं इसलिए प्यार को कैसे स्वीकार किया जाये यह आप समझ नहीं पाते।

## प्रेम करना एक कला है

आपके पास प्रेम देने की कुशलता होनी चाहिए। प्रेम देने का कौशल यानी प्यार में डूब जाना, केवल कोशिश करना नहीं। प्रेम कोई कार्य नहीं है, वह तो आपके मन की अवस्था है। आपको उसमें बिना कोई शर्त के रहना है। देखिये, मैं यहां आपके लिये बिना कोई शर्त के उपस्थित हूं। अब यहां आकर उसको स्वीकार करना आप पर ही

निर्भर है। आपकी अंदर की ताकत की वजह से लोग आपको बेहतर समझ सकते हैं। उसी तरह आप किसी को बेहद प्यार करते हैं, आप यह उन्हें समझाने की जबरदस्ती नहीं कर सकते। यह सब हो पाने के लिये आपको थोड़ा समय बीत जाने देना होगा क्योंकि आपको पता ही है ऐसे मामले में जबरदस्ती करने से और बाकी समस्यायें खड़ी हो सकती हैं।

जब लोग आपको प्रेम और सम्मान देते हैं तब आप विवश होकर शिष्टाचार निभाते हैं क्योंकि आप उन्हें व्यथित नहीं करना चाहते। पर जब वे आपको सम्मान और प्रेम नहीं देंगे, तब वे आपकी अभिव्यक्ति से प्रभावित नहीं होंगे। वे आपको स्वतन्त्र कर देते हैं। इसलिए अगली बार जब कोई आपको प्रेम व सम्मान न दे तो दुखी न हों बल्कि ये जान लें कि आप बहुत सी औपचारिकताओं से मुक्त हो गए, स्वतंत्र हो गए।

आप केवल अपने जीवन की सकारात्मक चीज़ों पर ही शंका करते हैं? नकारात्मक चीज़ों पर शंका नहीं करते। आप किसी की ईमानदारी पर शंका करते हैं और उसकी बेईमानी पर विश्वास। जब कोई आपसे नाराज़ होता है तो उसकी नाराज़गी पर आपको कोई शंका नहीं होती। पर जब कोई कहे कि वे आपको प्रेम करते हैं तभी शंका आ जाती है और आप सोचने लगते हैं "क्या? सच में वे मुझसे प्रेम करते हैं?"

आप वास्तव में किसके साथ सहज और स्वच्छन्द अनुभव करते हैं ? उनके साथ जो आपके प्रेम पर सन्देह नहीं करता, जो निःसन्देह विश्वास करता है कि आप उसको प्रेम करते हैं। है ना?

जब कोई आपके प्रेम पर सन्देह करता है और आपको निरन्तर अपने प्रेम को साबित करना है तो फिर यह आपके लिए एक भारी बोझ बन जाता है। वे आपसे प्रश्न करते हैं और आपके प्रत्येक कार्य का स्पष्टीकरण चाहते हैं। आप जो भी करते हैं, उसकी व्याख्या देना मानसिक बोझ है। आपका स्वभाव है बोझ को हटाना, क्योंकि आप चैन नहीं महसूस करते।

आप सदा साक्षी हैं। स्वयं के कार्यों के प्रति भी आप उतने ही साक्षी हैं जितने दूसरों के कार्यों के प्रति। जब लोग आपसे आपके कार्यों का स्पष्टीकरण मांगते हैं तो वे कर्ताभाव से बोल रहे हैं और उस कर्तापन को आप पर थोप रहे हैं। यह बेचैनी लाता है। न तो स्पष्टीकरण माँगें और न ही दें।

'सखा' जीवन और मत्यु का साथी है - यह कभी साथ नहीं छोड़ता। सखा को केवल प्रियतम चाहिए। उसे ज्ञान या मुक्ति की परवाह नहीं। उत्कंठा, तृष्णा के कारण प्रेम अधूरा है। उसका प्रेम असीम है और अनन्तता में कभी पूर्णता संभव नहीं। उसका प्रेम अनन्त अपूर्णता में पूर्ण है। प्रेम के पथ का कोई अंत नहीं।

प्रेम सबसे बड़ी शक्ति है और वही आपको बिल्कुल कमज़ोर भी बना देती है। इसलिए ईश्वर नहीं चाहते कि आपका प्रेम और विश्वास और अधिक बढ़े। अत्यधिक प्रेम और निष्ठा से आप ईश्वर को कमज़ोर बना देते हैं इसलिए ईश्वर के लिए तो यही अच्छा है कि आपकी श्रद्धा, भक्ति कम रहे। सब कुछ तो वैसे ही चलता रहेगा।

प्रेम को केवल प्रेम रहने दो। उसे कोई नाम न दो। जब आप प्रेम को नाम देते हैं, तब वह एक संबंध बन जाता है,

और संबंध प्रेम सीमित करता है।

आपमें और मुझमें प्रेम है। बस, उसे रहने दीजिये। यदि आप प्रेम को भाई, बहन, माता, पिता, गुरु का नाम देते हैं, तब आप उसे संबंध बना रहे हैं। संबंध प्रेम को सीमित कर देता है। स्वयं अपने साथ आपका क्या संबंध है? क्या आप अपने भाई, पति, पत्नी या गुरु हैं?

प्रेम को प्रेम ही रहने दो। उसे कोई नाम ना दो।

सबसे पहले हम अजनबी होते हैं.... फिर दोस्त बनते हैं, दोस्त से प्रेमी बनते हैं और फिर ऐसा वक़्त भी आता है जब फिर से अजनबी हो जाते हैं, जानते है ऐसा क्यों होता है...??? क्योंकि हम प्रेम के सम्बन्ध में भी सिर्फ़ अपने मतलब को महत्व देते है ना की निस्वार्थत प्यार को, वो प्रेम ही है जो हमें एक दूसरे की हर ग़लती को माफ़ करने की शक्ति प्रदान करता है, जिस किसी से भी हम प्रेम करते है उस से मतभेद होना कोई बड़ी बात नहीं है, असल में दो भिन्न विचारों के व्यक्ति ज़्यादा वक़्त तक एक दूसरे को ख़ुशी दे सकते है उनकी तुलना में जिनके विचार एक-दूसरे से ज़्यादा मिलते हो लेकिन दोनों के मध्य समर्पण का होना अनिवार्य है, अक्सर प्रेम के रिश्ते अहम और स्वाभिमान में टूट जाते हैं, "यदि आप प्रेम करना चाहते हो तो अपना अहम और स्वाभिमान दोनों को त्याग देना होगा"

मैं कुछ नहीं छिपाऊँगा

बड़ी चीज़ है साफ़ ज़िंदगी बड़ी चीज़ है साफ़गोई आतंक की आँखों में आँखें डाल सादगी से कहना अपनी बात

फ़रमाइश पर नाचते-गाते विदूषकों की

आत्मतुष्ट भीड़ में प्रचंड कोलाहल में
विदा लेती शताब्दी की विचित्र प्रतियोगिताओं में
बिना घबड़ाए हुए
सजल स्मृतियों से अभिषिक्त मस्तक को ऊँचा उठाए
सहज गति से चलता हुआ मैं जाऊँगा
पाप और अपराध के स्मारकों को पीछे छोड़ता
एक थरथराते हुए
आकार लेते स्वप्न में शामिल होने
जिसे प्रकट होना है हारती मनुष्यता के पक्ष में
मैं कुछ नहीं छिपाऊँगा
न अपनी अव्यावहारिक इच्छाएँ, न आँसू
मैं कुछ नहीं छिपाऊँगा
छिपाते हैं षड्यंत्रकारी छिपाते हैं चोर
छिपाते हैं लालची और क्रूर शासक, उनके कारकुन
ईर्ष्या और प्रतिशोध के ज़हर में उफनते लोग
पतझर में बादामी होती घास और जंगली फूलों की
बेपनाह महक से भरी हवा में
परछाइयों की हिलती थिगलियों भरी धूप में
ज़िंदगी और मौत की आवाजाही के पार
मैं करूँगा प्यार
मैं कुछ नहीं छिपाऊँगा
प्यार करता हूँ करता रहूँगा भरपूर
अपने साथियों से जो हर चीज़ का अर्थ बन उपस्थित रहे
हैं
बरसों से मेरे बेतरतीब सफ़र में
अपनी स्त्री से, वर्णमाला में प्रवेश करते बच्चों से

मैं प्यार करूँगा और अपने लोगों को अंधकार के बारे में
बताऊँगा
मैं उनको अपने ज़ख़्म दिखाऊँगा
हमलावरों के बारे में बताऊँगा
मैं उन्हें कुछ फ़ायदेमंद हिदायतें दूँगा
अधिकार नष्ट किए जा रहे हैं
छीनी जा रही हैं स्वाधीनताएँ
संसद में सत्तावाले और प्रतिपक्ष मिलकर हँसते हैं डरावनी
हँसी
चुपचाप अपना काम करने में भी
बढ़ती जा रही हैं दुश्वारियाँ
अभूतपूर्व संकटों के इस दौर में विजयी हैं भ्रांतियाँ
ऐसा बार-बार कहे जाने के बावजूद
मैं बताऊँगा इन दिनों सहमे हुए स्वप्नों के बारे में
मैं बताऊँगा
पाशविकता के आगे अच्छाइयाँ कितनी कमज़ोर
हुई हैं पिछले दिनों अनेक बार
चारों तरफ़ बिखरी हैं इसकी मिसालें
अख़बारों में हर सुबह कितनी ख़बरें
नैतिकता और नेकी के मुँह पर थूकतीं
कितने अकल्पनीय कितने जघन्य हैं
मनुष्यों के साथ कुछ मनुष्यों के कृत्य
मैं कुछ नहीं छिपाऊँगा
न अपमान
न आरे सरीखे फाड़ते दुखों की कथाएँ
न पश्चाताप
न अपने इरादे जो ख़ासे ख़तरनाक हैं

बड़े सौदागरों, राजनेताओं, और शोहदों की
नशे में डूबी सतरंगी रातों के धुएँ और राल में
लगातार झरती राख और अजनबी संगीत के ज़हर में
ताम्बई अँग्रेज़ी झागदार फ़्रांसीसी के मायालोक में
सारी उम्मीदों के सिमट जाने के बावजूद
मैं कुछ नहीं छिपाऊँगा
सफ़ेद को नहीं कहूँगा स्याह
सही-सही नामों से ज़िक्र करूँगा चीज़ों का
हृदय में बचाए रखूँगा प्रकाशित जल से भरी नदियाँ
सदानीरा
उन आकारों और रंगों को दुहराऊँगा आत्मीय तटों पर
जिनके स्पर्श से संपन्न हैं मेरे हाथ
मैं असंख्य सुबहों और दिन-रातों के वृत्तांत कहूँगा
सिर्फ़ अन्याय की कथा और पीड़ा में नष्ट ज़िंदगियों के
बारे में नहीं
मैं मुक्ति की रणनीति और बाहर-भीतर के विराट संग्राम
के बारे में बताऊँगा
मैं कुछ नहीं छिपाऊँगा।

# 2. हीरा / कांच

**हीरा बनने के लिए तड़पना और तरसना दोनो जरुरी है**

हीरा और कांच एक जैसे दिखते हैं लेकिन दोनों के स्वभाव में काफी फर्क है. अगर आपको जिंदगी में असली हीरे और कांच के बीच का फर्क समझना है तो ये कहानी पढ़ें.

एक राजा का दरबार लगा हुआ था, क्योंकि सर्दी का दिन था. इसलिए राजा का दरबार खुले में लगा हुआ था. पूरी आम सभा सुबह की धूप में बैठी थी. महाराज के सिंहासन के सामने एक शाही मेज थी और उस पर कुछ कीमती चीजें रखी थीं. पंडित लोग, मंत्री और दीवान आदि सभी दरबार में बैठे थे और राजा के परिवार के सदस्य भी बैठे थे.

उसी समय एक व्यक्ति आया और प्रवेश मांगा. प्रवेश मिल गया तो उसने कहा "मेरे पास दो वस्तुएं हैं, मैं हर राज्य के राजा के पास जाता हूं और अपनी वस्तुओं को रखता हूं, पर कोई परख नही पाता सब हार जाते है और मै विजेता बनकर घूम रहा हूं". अब आपके नगर मे आया हूं. राजा ने बुलाया और कहा "क्या वस्तु है" तो उसने दोनों वस्तुएं उस कीमती मेज पर रख दीं. वे दोनों वस्तुएं बिल्कुल समान आकार, समान रुप रंग, समान प्रकाश सब कुछ नख-शिख समान था.

राजा ने कहा ये दोनों वस्तुएं तो एक हैं. तो उस व्यक्ति ने कहा हां दिखाई तो एक सी ही देती हैं लेकिन हैं भिन्न.

इनमें से एक है बहुत कीमती हीरा और एक है कांच का टुकड़ा. लेकिन रूप रंग सब एक है. कोई आज तक परख नही पाया कि कौन सा हीरा है और कौन सा कांच का टुकड़ा.

अगर किसी ने परख लिया तो मैं अपनी हार स्वीकार कर लूंगा और, यह कीमती हीरा मैं आपके राज्य की तिजोरी मे जमा करवा दूंगा. पर शर्त यह है कि यदि कोई नहीं पहचान पाया तो इस हीरे की जो कीमत है उतनी धनराशि आपको मुझे देनी होगी.

इसी प्रकार से मैं कई राज्यों से जीतता आया हूं. बात राजा की प्रतिष्ठा पर आ गई. लेकिन कोई कुछ बोलने को राजी नहीं था. आखिरकार पीछे हलचल हुई एक अंधा आदमी हाथ मे लाठी लेकर उठा. उसने कहा मुझे महाराज के पास ले चलो. एक अवसर मुझे दो.

एक आदमी के सहारे वह राजा के पास पहुंचा, उसने राजा से प्रार्थना की. मैं तो जनम से अंधा हूं. फिर भी मुझे एक अवसर दिया जाए. हो सकता है कि सफल हो जाऊं और यदि सफल न भी हुआ तो वैसे भी आप तो हारे ही हैं. राजा को लगा कि इसे अवसर देने मे क्या हर्ज है. राजा ने कहा कि ठीक है. जैसे ही उस शख्स ने दोनों चीजों को छुआ तो बता दिया कि कौन सा हीरा और कौन सा कांच है. जो आदमी इतने राज्यों को जीतकर आया था. वह नतमस्तक हो गया. और बोला. "सही है आपने पहचान लिया. धन्य हो आप अपने वचन के मुताबिक यह हीरा मैं आपके राज्य की तिजोरी मे दे रहा हूं" लेकिन एक बात बताइए कि आपने बिना देखे इसे पहचाना कैसे? उस अंधे आदमी ने कहा... जिंदगी के तजुर्बे से, सीधी सी बात है

मालिक, हम सब धूप में बैठे हैं, जो ठंडा वो हीरा और जो गरम वो कांच.यही हमारे जीवन में भी होता है, जो विपरीत परिस्थितियां देखते ही गर्म हो जाए वो कांच और जो संयम रखे और शांत रहकर परिस्थिति का सामना करे वो असली हीरा है.

# 3. जिंदगी में उम्मीद का साथ

यह कहानी एक दिव्यांग राजा की है जिसके राज्य में कोई भी परेशानी या समस्या नहीं थी। सभी लोग उस राजा से बहुत खुश थे और ऊपर वाले से धन्यवाद करते थे की इतने अच्छे राजा को उनके जिंदगी में भेजे है। वह राजा दिव्यांग था उसकी एक आँख नहीं थी और एक पैर नहीं था लेकिन फिर भी राजा को इस बात का कोई मलाल नहीं था।

एक दिन राजा अपने महल के गलियारे में घूमते हुए अपने पूर्वजो की लगी तस्वीर को देख रहा था और सोच रहा था की मेरे पिताजी इतने शूरवीर थे, उनके पिताजी इतने शूरवीर थे। हमें इतने शूरवीर खानदान में जन्म लेने का मौका मिला यह ऊपर वाले का धन्यवाद है।

राजा ने सभी चित्र को देखते हुए आखरी चित्र तक पंहुचा और फिर उस खाली जगह को देखा तो वह चिंता में पड़ गया क्योकि उसे मालूम था की अब यहाँ जो तस्वीर लगेगी वह उसी की लगेगी। लेकिन राजा को इस बात की चिंता नहीं थी की वह मर जायेगा, चिंता इस बात की थी की वहा जो Painting लगेगी वो कैसी लगेगी।

राजा का एक आँख और एक पैर ना होने की वजह से वह चिंता में पड़ गया और सोचने लगा की इस गलियारे में

इतने शानदार Painting लगी है लेकिन मेरी एक आँख और एक पैर ना होने की वजह से मेरी ही तस्वीर सबसे ख़राब लगेगी और सबसे भद्दी दिखेगी।

राजा ने सोचा की मेरे मरने के बाद पता नहीं कैसी Painting बनेगी और क्यों ना मैं अपने जीते-जी ही एक शानदार पेंटिंग बनवाऊ ताकि मुझे ये सुकून मिल जाये की मेरी यहाँ अच्छी पेंटिंग लगेगी।

अब उस राज्य में ऐलान करवा दिया गया और सभी Painters को बुलाया गया और कहा गया की जो भी पेंटर राजा का शानदार पेंटिंग बनाएगा उसे शानदार इनाम मिलेगा।

अब सभी पेंटर राज्य में आये और उन Painter को पता था की अगर शानदार पेंटिंग बनेगा तो शानदार इनाम तो मिलेगा लेकिन जिस राजा का एक आँख नहीं है एक पैर नहीं है उसका शानदार पेंटिंग कैसे बनेगा। Painter सोच रहे थे की इनाम का तो पता नहीं लेकिन अगर शानदार Painting नहीं बानी और राजा गुस्सा हो गया तो सजा मिलेगी इसीलिए बड़े-बड़े चित्रकार भी आगे नहीं आये।

तभी उसमे से एक लड़का बोला राजा साहब मैं आपकी Painting बनाना चाहता हूँ मुझे 24 घंटे का वक्त दीजिये।

अब सभी बड़े-बड़े पेंटर हैरान हो गए की ये लड़का क्या Painting बनाएगा और अगर राजा को पेंटिंग पसंद नहीं आयी तो इसे सजा जरूर मिलेगी। राजा बोला ठीक है आप बना करके आईये।

अगले दिन वह लड़का तस्वीर बनाकर लाने वाला था और दरवार पूरी तरह से भर चूका था लोग दूर-दूर से ये देखने के लिए आये थे की वह लड़का कैसा पेंटिंग बनाकर

लाएगा।

अब लड़का जब उस राजा की Painting बनाकर लाया तो लोग आश्चर्यचकित रह गए सब लोग जोर-जोर से तालिया बजाने लगे सिटी बजाने लगे और जब राजा ने उस पेंटिंग को देखा तो वह खुश हो गया और बोला की वाह! इससे अच्छी पेंटिंग तो इस पुरे गलियारे में नहीं है राजा ने उस लड़के को बहुत सारा इनाम दिया।

अब आप सोच रहे होंगे की उस राजा की क्या Painting बनी होगी जिसकी एक आँख नहीं है और एक पैर नहीं है, कैसा पेंटिंग बना होगा।

उस तस्वीर में लड़के ने उस राजा को एक घोड़े पर सवार किया था। एक साइड से उस राजा का एक पैर दिख रहा था और राजा तीरंदाजी करते हुए निशाना लगा रहा था और निशाना लगाते वक्त एक आँख बंद हो जाती है और उस लड़के ने उस राजा की वही आँख बंद की थी जो राजा के पास नहीं थी।

इस तरह से उस लड़के ने राजा को निशाना लगते हुए घोड़े के ऊपर सवार दिखाया जिससे एक आँख बंद और एक ही पैर दिखाया और इतना शानदार Painting बनाया था की वह अब तक की सबसे सर्वश्रेष्ठ पेंटिंग थी।

उस लड़के के सामने भी चुनौती थी संकट था लेकिन उसने सकारात्मक का साथ नहीं छोड़ा। जिंदगी में आप जिस भी मुकाम पर हो, जिस भी संकट में फस जाये, जिस भी स्थिति में हो अगर आपने सकारात्मक का साथ कभी नहीं छोड़ा तो यकीन मानिये आप उस संकट से बाहर निकल आएंगे।

जिंदगी में उम्मीद का साथ मत छोड़िये क्योकि जिसने उम्मीद का साथ छोड़ दिया तो फिर जिंदगी उसका साथ छोड़ देती है। हर पल सकारात्मक रहिये, खुश रहिये, ऊपर वाले के आशीर्वाद के साथ और अपनों के प्यार के साथ, अपनी अच्छी और सच्ची मेहनत के साथ कर दिखाओ कुछ ऐसा की दुनिया करनी चाहे आप के जैसा।

# 4. खुद प्यार बन जाउँगा मैं...

आज फिर उसकी यादों ने दिल में हलचल मचाई है
आज फिर मुझे उसकी याद आई है
आज फिर लब खामोश हैं, और आँखें भर आई
है................
न जाने क्यों, वो अब भी मेरी सांसों में समाई
है................
क्या उसे नहीं पता कि, मैं अब भी उससे प्यार करता हूँ
उसके बिना, एक पल में हजार बार मरता हूँ
वो नहीं आएगी ये जानकर भी, उसका इंतजार करता
हूँ................
न जाने क्यों, मैं एक बेवफा पे मरता हूँ................
कल तक जो मेरी थी, अब वो पराई है
शायद यही दस्तूर है मोहब्बत का, वफा के बदले मिलती
बेवफाई है
उसकी यादों को अपनी ताकत बनाऊंगा मैं................
प्यार की नई दस्तूर चलाऊंगा मैं, प्यार क्या होता है ये
उसे दिखाऊंगा मैं................
अपने प्यार को नहीं पा सका मैं, पर अपने प्यार के लिए
खुद को मिटाऊंगा मैं
वफा की नई कहानी लिखकर, खुद प्यार बन जाउँगा

# 5. दिल बहुत टूटा सा है

आज चाँद कुछ टूटा सा है ,
इस जमी से कुछ रूठा सा है ,
छुपा जा रहा है इसके आगोश में ,
जमी बन गयी ,जैसे महबूबा है
त्राहि-त्राहि कर उठी हर दिशा ,
हर नजारे का पसीना छूटा सा है ,
सितारे भी खो रहे रोशनी ,
यह टकराव भी अनूठा सा है ,
हवा चल रही घबराकर बडी ,
हर दिल कुछ संजीदा सा है ,
ग्रहण लग जाये इस ग्रहण को ,
हर दिल बहुत टूटा सा है ,

# 6. दोस्ती

दोस्ती दुनिया की सबसे बड़ी खुदाई है
बँधी हुई जिन्दगी ने यहीं आजादी पाई है
चेहरे की रंगत इसने लौटाई है
आँखों ने ख्वाबों की दुनिया पाई है
दोस्ती दुनिया की सबसे बड़ी खुदाई है!!
बेगानो की भीड़ में किसी अपने से मुलाकात हो पाई है
मुस्कराहट फिर से लौट आई है
बातों के सिलसिले ने महफिल सजाई है
माहौल में खुशबू सी छाई है
दोस्ती दुनिया की सबसे बड़ी खुदाई है!!
जाति-धर्म ऊँच-नीच की यहाँ नहीं कोई सुनवाई है
मंदिर-मस्जिद-गुरूद्वारे-चर्च सबकी छवि इसने एक ही
बनाई है
अपनेपन की भावना इसने ही जगाई है
खूबसूरती जिन्दगी में इससे ही आई है
दोस्ती दुनिया की सबसे बड़ी खुदाई है!!
बचपन की ताजगी इससे ही छाई है
मौसम में मस्तानगी इसने ही लाई है
उम्र के पड़ावों में इसने अपनी गहरी भूमिका निभाई है
सारी चतुराई इसने ही सिखलाई है
दोस्ती दुनिया की सबसे बड़ी खुदाई है!!

सपनों को हकीकत की राह इसने ही दिखाई है
हिम्मत इसने हमेशा ही बढ़ाई है
हुनर से पहचान करवाई है
सफर की थकान इसने मिटाई है
दोस्ती दुनिया की सबसे बड़ी खुदाई है!!
हर दर्द की होती सुनवाई है
अच्छे या हों बुरे हालात साथ इसने हमेशा निभाई है
उदासी इसने दूर भगाई है
रोते हुए चेहरे में हंसी आई है
भरोसे की ताकत इसने बढ़ाई है
दोस्ती दुनिया की सबसे बड़ी खुदाई है!!
सागर से भी गहरी इसकी गहराई है
बिना रस्मों के इसने कसमें निभाई है
दोस्ती दुनिया की सबसे बड़ी खुदाई है!!

# 7. तुम्हें इल्म नहीं

तेरा चुप रहना मिरे ज़ेहन में क्या बैठ गया
इतनी आवाज़ें तुझे दीं कि गला बैठ गया

यूँ नहीं है कि फ़क़त मैं ही उसे चाहता हूँ
जो भी उस पेड़ की छाँव में गया बैठ गया

इतना मीठा था वो गुस्से भरा लहजा मत पूछ
उस ने जिस जिस को भी जाने का कहा बैठ गया

अपना लड़ना भी मोहब्बत है तुम्हें इल्म नहीं
चीख़ती तुम रही और मेरा गला बैठ गया

उस की मर्ज़ी वो जिसे पास बिठा ले अपने
इस पे क्या लड़ना फुलाँ मेरी जगह बैठ गया

बात दरियाओं की सूरज की न तेरी है यहाँ
दो क़दम जो भी मिरे साथ चला बैठ गया

बज़्म-ए-जानाँ में नशिस्तें नहीं होतीं मख़्सूस
जो भी इक बार जहाँ बैठ गया बैठ गया

# 8. किसे ख़बर है

किसे ख़बर है कि उम्र बस उस पे ग़ौर करने में कट रही है
कि ये उदासी हमारे जिस्मों से किस ख़ुशी में लिपट रही है
अजीब दुख है हम उस के हो कर भी उस को छूने से डर
रहे हैं
अजीब दुख है हमारे हिस्से की आग औरों में बट रही है
मैं उस को हर रोज़ बस यही एक झूट सुनने को फ़ोन
करता
सुनो यहाँ कोई मसअला है तुम्हारी आवाज़ कट रही है
मुझ ऐसे पेड़ों के सूखने और सब्ज़ होने से क्या किसी को
ये बेल शायद किसी मुसीबत में है जो मुझ से लिपट रही
है
ये वक़्त आने पे अपनी औलाद अपने अज्दाद बेच देगी
जो फ़ौज दुश्मन को अपना सालार गिरवी रख कर पलट
रही है
सो इस तअ'ल्लुक़ में जो ग़लत-फ़हमियाँ थीं अब दूर हो
रही हैं
रुकी हुई गाड़ियों के चलने का वक़्त है धुंध छट रही है

# 9. तरकीब से

कई बार जब लोग जीवन में काम करना सुरु करते है तब उन्हें बहुत ज्यादा दर्द होता है, तकलीफ होती है उन्हें बहुत ज्यादा मेनहत करना पड़ता है और ये बात उनसे बर्दाश नहीं हो पाती है उनका शरीर जवाब दे देता है और वो उस काम को छोड़ कर किसी और तरकीब से सफल होने का प्रयास करते रहते है।

लेकिन याद रखियेगा इस प्रकार से कोई भी व्यक्ति जीवन में सफल नहीं हो पता है याद रखियेगा की सफलता का मार्ग मेनहत, दर्द और तख़लीफ़ से होलर गुजरेगा और यह आपको सहना ही पड़ेगा तो इसके लिए आप हमेशा तैयार रहिये।

तो चलिए इस बात को एक कहानी के माध्यम से समझते है।एक बार एक मूर्तिकार अपनी छीनी और हथौड़ी से एक पत्थर को भगवान की मूर्ति का आकार देने का प्रयाश कर रहा था जैसे ही वह छीनी पर अपना हौथोड़ा चलाता, वह पत्थर चिल्लाने लगता और कहने लगता की ये क्या कर रहे हो मुझे इतना मार क्यों रहे हो मुझे बहुत दुःख हो रहा है तकलीफ हो रही है पीड़ा हो रही है, मुझे अपने हाल पर छोड़ दो और यहाँ से चले जाओ।मूर्तिकार ने उस पत्थर से कहाँ मुझे बहुत अच्छे से पता है की तुम्हे बहुत ज्यादा दर्द हो रहा है, तकलीफ हो रही है और तुम बहुत ही ज्यादा पीड़ा में हो, लेकिन यदि आज तुमने इस दर्द को नहीं

सहा, इस तकलीफ को नहीं सहा तो जीवन भर तुम यही इसी प्रकार से पड़े रहोगे।मुझे पता है की तुममे आगे बढ़ने की अपार सम्भावना है, तुम एक बहुत अच्छे पत्थर हो लेकिन यदि तुम इसी प्रकार से रहोगे तो कभी भी आगे नहीं बढ़ पाओगे इतना कहकर मूर्तिकार औजार उठाये ही थे की पत्थर फिर से चिल्लाने लगा, गिड़गिड़ाने लगा, विनती करने लगा की मुझे अपने हाल पर छोड़ दो मुझे पता है की जीवन के लिए कौन सी चीज़ सही है और कौन सी चीज़ गलत है मुझे बहुत ज्यादा दर्द हो रहा है अब मैं इस तकलीफ को बहुत ज्यादा नहीं सह सकता मैं जिस हाल में जो उस हाल में छोड़ कर मुझे तुम यह से चले जाओ।

उस मूर्तिकार फिर से उस पत्थर को समझाने की कोशिश की ज्यादा अधीर मत बनो और अपने सब्र को बनाये रखो थोड़ी देर और इस दर्द को सहो यदि इस दर्द को सह लिया तो मैं भगवान की मूर्ति के रूप में तुम्हारी स्थापना करवाऊंगा और फिर दूर-दूर से लोग तुम्हारी लोग पूजा करने आएंगे और पंडित और लोग तुम्हारी सेवा करंगे।

लेकिन पत्थर ने उस मूर्तिकार की एक भी बात नहीं मानी वह चिल्लाता रहा और अपनी बात पर अड़ा रह। मूर्तिकार में उस पत्थर को समझाने की बहुत कोशिश की लेकिन वो पत्थर नहीं माना अब मूर्तिकार भी थक चूका था।

और वह उस पत्थर को छोड़कर आगे बढ़ गया और थोड़ी ही दूर जाकर देखा की एक और बहुत ही अच्छा पत्थर वह पड़ा हुआ है उसने छीनी और हथौड़ी उठायी और उस पत्थर को मूर्ति बनाने की लिए वो तैयार हो गया।

मूर्तिकार ने छीनी और हथौड़ी का वार दूसरे पत्थर पर जारी रखा, दूसरे पत्थर को भी दर्द हुआ तकलीफ उससे भी हुयी। लेकिन उस पत्थर ने बर्दाश कर लिया और देखते ही देखते थोड़ी समय के बाद उस पत्थर ने भगवान की मूर्ति का रूप धारड़ कर लिया।

थोड़ी दिन बाद उस मूर्ति की एक मंदिर में स्थापना हो गयी धीरे-धीरे कर के लोग वह पूजा पाठ करने आने लगे लोगो की मन्नते वहां से पूरी होने लगी और वह मंदिर बहुत ही ज्यादा प्रसिद्ध हो गया।

अब धीरे-धीरे करके दूर-दूर के गांव से लोग वहां पूजा पाठ करने आने लगे फिर एक दिन और उससे पत्थर को उसी मंदिर में लाया गया और उसे एक कोने में रख दिया गया अब लोग आते और उस पर नारीयल फोड़ते ये कोई और पत्थर नहीं बल्कि भी पत्थर था जिसने दर्द को नहीं सहा था।

अब वो पत्थर मन ही मन बहुत ज्यादा पछता रहा था, दुखी हो रहा था और अपने आप से कह रहा था की काश मैंने उस दिन उस दर्द को उस तकलीफ को सह लिया होता तो आज लोग मेरी भी पूजा करते।

इसलिए आप भी अपने जीवन में हमेशा याद रखियेगा की जब भी आप अपने CAREER की शुरुआत में किसी काम को कर रहे हो पढाई कर रहे हो या कोई भी काम कर रहे हो और उसमे आपको दर्द हो रहा है, तकलीफ हो रही है ज्यादा मेनहत करना पड़ रहा है तो आप रुकिएगा मत किसी और रास्ते की शुरुआत मत करियेगा।

क्योंकि कोई और रास्ता आपको सफलता नहीं दे सकता है आपको उस दर्द को, उस तकलीफ को सहना ही होगा और

उस दर्द को उस तकलीफ को सह कर आप ज्यादा मजबूत बनेंगे और तभी आप अपने जीवन में आगे बढ़ पाएंगे और जीवन में हमेशा याद रखियेगा की आपको पहले पत्थर की तरह नहीं बल्कि दूसरे पत्थर की तरह बनना है।

# 10. बाज़

दुनिया में पक्षियों की दस हजार से भी ज्यादा प्रजातिया पायी जाती है। सभी के वही दो पंजे, दो पंख और एक गर्दन होती है।

लेकिन इन्ही में से एक ऐसा पक्षी है जिसकी एक अलग ही पहचान है जो आसमान का सीना चीर के हजारो मीटर ऊपर 120km/h की रफ़्तार से उड़ता है जो खुद के कई गुना अधिक वजन के शिकार को भी अपने पंजो पे दबोच कर उड़ जाता है और इसी लिए उसे पक्षियों का राजा कहाँ जाता है जिसे हम बाज़ के नाम से जानते है और एक बाज़ इतना ऊँचा मुकाम हांसिल करता है अपनी ट्रेनिंग और अपनी पुनर्मजन्म की वजह से।

अगर आप भी इस दुनिया में एक मुकाम हांसिल करना चाहते है तो एक बाज़ को बाज़ बनने का पूरा सफर आपको जानना बहुत जरुरी है क्योकिं 25 से 30 की उम्र तक आने के बाद भी लोगो को रिस्क लेने से डर लगता है।

लेकिन एक बाज़ की जीवन की शुरुआत ही रिस्क से होती है जिस उम्र में बाकि पक्षियों के बच्चे सिर्फ ची-ची करना सीखते है उस उम्र में एक मादा बाज़ अपने बच्चो को पंजो में दबोज़ कर हज़रो मीटर आसमान की उंचाईओ में उड़ जाती है।

उसे ये बताने के लिए की तेरा जन्म आसमान का सीना चीर के सबसे ऊपर उड़ने के लिए हुआ है, तेरा जन्म पंक्षियों का बादशाह बनने के लिए हुआ है।

ज़मीन से हज़रो मीटर ऊपर लेजाकर मादा बाज़ अपने पंजो से उसे छोड़ देती है और यही से सुरु होती है उसकी हाई रिस्क ट्रेनिंग वो चूज़ा ज़मीन की तरफ तेज़ी से गिरने लगता है थोड़ा निचे आता है तो उसके पंख खुलने लगते है निचे आते-आते वो अपने पंख फड़फड़ाने लगता है।

लेकिन वो अभी तक उड़ना नहीं सीखा है वो ज़मीन से कुछ ही ऊपर होता है ऐसा लगता है की कुछ ही सेकंड में उसका जीवन समाप्त हो जायेगा लेकिन अचानक एक पंजा उसे अपने गिरफ्त में लेता है और वापस आसमान में उड़ जाता है वो पंजा होता है उसकी माँ का जो उसके पीछे उड़ रही थी। उसकी ये ट्रेनिंग तब तक चलती रहती है जब तक वो उड़ना नहीं सिख जाता है।

इतनी हाई रिस्क ट्रेनिंग होने के बाद इस दुनिया को एक बाज़ मिलता है बारिश के वक्त जब सारे पक्षी आश्रिय की तलाश करते है तब यही बाज़ उसी बारिश में आसमान को चीरते हुए ऊपर निकल जाता है और बदल से कहता है तू बर्ष ले कितना बरशेगा और फिर नीचे आकर चैलेंज करता है।

एक बाज़ की उम्र लगभग 70 साल होती है जब वह 40 साल का होता है तब एक परेशानी उसकी ज़िंदगी में मौत बनकर आती है जो आपकी परेशानिओ की तुलना में बहुत बड़ी होती है क्योकि 40 साल की उम्र में बाज़ की चोंच इतनी मुड़ जाती है की उसे शिकार निगलने में बहुत परेशानी होती है, उसके पंख भारी हो जाते है, छाती से

चिपकने लगते है जिससे उड़ना बहुत मुश्किल हो जाता है, उसके पंजे लम्बे और लचीले हो जाते है जिससे वो शिकार को सही से नहीं पकड़ पता।

अब उस बाज़ के पास सिर्फ 3 रास्ते होते है।

1. वो अपने शरीर त्याग सकता है।

2. गिद्ध की तरह छोड़े हुए भोजन पे निर्भर हो जाये।

और

3. सबसे कठिन और पीड़ा दायक रास्ता अपने आपको पुनः इस्थापित का फिर से आसमान का सीना चीर कर उड़ने का और वो इसी तीसरे रास्ते को चुनता है और अपने पास के सबसे ऊँची छोटी पे पहुंच जाता है।

वहां पर अपना घोसला बनाता है और फिर सुरु होता है परेशानियो को जड़ से उखाड़ कर आसमान में उड़ने का सफर वह अपनी चोंच को एक चट्टान पर मार-मार कर तोड़ देता है लहू लुहान हो जाता है और इंतजार करता है नई चोंच के आने का।

उसके बाद अपनी नई चोंच से अपने पंजो को काट देता है और फिर इन्तजार करता है नए पंजो के उग आने का उसके बाद वह अपने एक-एक पंख को अपने शरीर से अलग करता है और फिर इन्तजार करता है नए पंख उग आने का और इस प्रक्रिया में उसे समय लगता है पुरे 5 महीने का।

इन पांच महीनो के कड़ी तपश्या से एक बाज़ का पुनः जन्म होता है वो फिर से तैयार हो जाता है आसमान का सीना चीर कर उड़ने के लिए जो तीन रास्ते बाज़ के पास थे वही तीन रास्ते आपके पास होते है लेकिन कुछ लोग पहले रास्ते को चुनते है और परेशानियो के तले दबकर

सुसाइट कर लेते है।

ज्यादा तर लोग दूसरे रास्ते को चुनते है वो परेशानिओ का बोझ पड़ते ही अपने लक्ष्य को छोड़ कर एक Normal लाइफ ज़ीने लगते है। और कुछ वो लोग भी होते है जो इस परेशानिओ को लात मार कर अपनी मेनहत के दम पर बाज़ की तरह आसमान की बुलंदियों को छूते है।

दोस्तों बाज़ की यह ट्रेनिंग हमे बहुत बड़ी सिख देती है की अगर रिस्क लेना पड़े तो लो की अपने फिल्ड में अपने आप को इतना ट्रेंड कर लो की उस फिल्ड में आपसे ऊपर उड़ने के बारे में सोच कर लोगो के पसीने छूट जाये तभी आप अपने फिल्ड के बादशाह कहलाओगे।

# 11. तस्वीर बनाया करता था

जब उस की तस्वीर बनाया करता था
कमरा रंगों से भर जाया करता था
पेड़ मुझे हसरत से देखा करते थे
मैं जंगल में पानी लाया करता था
थक जाता था बादल साया करते करते
और फिर मैं बादल पे साया करता था
बैठा रहता था साहिल पे सारा दिन
दरिया मुझ से जान छुड़ाया करता था
बिंत-ए-सहरा रूठा करती थी मुझ से
मैं सहरा से रेत चुराया करता था

# 12. ख़्वाब देखता नहीं

इस एक डर से ख़्वाब देखता नहीं
जो देखता हूँ मैं वो भूलता नहीं
किसी मुंडेर पर कोई दिया जिला
फिर इस के बाद क्या हुआ पता नहीं
मैं आ रहा था रास्ते मैं फूल थे
मैं जा रहा हूँ कोई रोकता नहीं
तिरी तरफ़ चले तो उम्र कट गई
ये और बात रास्ता कटा नहीं
इस अज़दहे की आँख पूछती रही
किसी को ख़ौफ़ आ रहा है या नहीं
मैं इन दिनों हूँ ख़ुद से इतना बे-ख़बर
मैं बुझ चुका हूँ और मुझे पता नहीं
ये इश्क़ भी अजब कि एक शख़्स से
मुझे लगा कि हो गया हुआ नहीं

# 13. हवेली हूँ उस का

इक हवेली हूँ उस का दर भी हूँ
ख़ुद ही आँगन ख़ुद ही शजर भी हूँ
अपनी मस्ती में बहता दरिया हूँ
मैं किनारा भी हूँ भँवर भी हूँ
आसमाँ और ज़मीं की वुसअत देख
मैं इधर भी हूँ और उधर भी हूँ
ख़ुद ही मैं ख़ुद को लिख रहा हूँ ख़त
और मैं अपना नामा-बर भी हूँ
दास्ताँ हूँ मैं इक तवील मगर
तू जो सुन ले तो मुख़्तसर भी हूँ
एक फलदार पेड़ हूँ लेकिन
वक़्त आने पे बे-समर भी हूँ

# 14. भूल जाने में लगा हूँ

बिछड़ कर उस का दिल लग भी गया तो क्या लगेगा
वो थक जाएगा और मेरे गले से आ लगेगा

मैं मुश्किल में तुम्हारे काम आऊँ या न आऊँ
मुझे आवाज़ दे लेना तुम्हें अच्छा लगेगा

मैं जिस कोशिश से उस को भूल जाने में लगा हूँ
ज़ियादा भी अगर लग जाए तो हफ़्ता लगेगा

मिरे हाथों से लग कर फूल मिट्टी हो रहे हैं
मिरी आँखों से दरिया देखना सहरा लगेगा

मिरा दुश्मन सुना है कल से भूका लड़ रहा है
ये पहला तीर उस को नाश्ते में जा लगेगा

कई दिन उस के भी सहराओं में गुज़रे हैं 'शिवांशु'
सो इस निस्बत से आईना हमारा क्या लगेगा

# 15. कुछ ज़रूरत से

कुछ ज़रूरत से कम किया गया है
तेरे जाने का ग़म किया गया है
ता-क़यामत हरे भरे रहेंगे
इन दरख़्तों पे दम किया गया है
इस लिए रौशनी में ठंडक है
कुछ चराग़ों को नम किया गया है
क्या ये कम है कि आख़िरी बोसा
उस जबीं पर रक़म किया गया है
पानियों को भी ख़्वाब आने लगे
अश्क दरिया में ज़म किया गया है
उन की आँखों का तज़्किरा कर के
मेरी आँखों को नम किया गया है
धूल में अट गए हैं सारे ग़ज़ाल
इतनी शिद्दत से रम किया गया है

# 16. न नींद और न ख़्वाबों से

न नींद और न ख़्वाबों से आँख भरनी है
कि उस से हम ने तुझे देखने की करनी है
किसी दरख़्त की हिद्दत में दिन गुज़ारना है
किसी चराग़ की छाँव में रात करनी है
वो फूल और किसी शाख़ पर नहीं खुलना
वो ज़ुल्फ़ सिर्फ़ मिरे हाथ से सँवरनी है
तमाम नाख़ुदा साहिल से दूर हो जाएँ
समुंदरों से अकेले में बात करनी है
हमारे गाँव का हर फूल मरने वाला है
अब उस गली से वो ख़ुशबू नहीं गुज़रनी है
तिरे ज़ियाँ पे मैं अपना ज़ियाँ न कर बैठूँ
कि मुझ मुरीद का मुर्शिद 'उवैस-क़रनी' है

# 17. चीख़ते हैं दर-ओ-दीवार

चीख़ते हैं दर-ओ-दीवार नहीं होता मैं
आँख खुलने पे भी बेदार नहीं होता मैं
ख़्वाब करना हो सफ़र करना हो या रोना हो
मुझ में ख़ूबी है बेज़ार नहीं होता मैं
अब भला अपने लिए बनना सँवरना कैसा
ख़ुद से मिलना हो तो तय्यार नहीं होता मैं
कौन आएगा भला मेरी अयादत के लिए
बस इसी ख़ौफ़ से बीमार नहीं होता मैं
मंज़िल-ए-इश्क़ पे निकला तो कहा रस्ते ने
हर किसी के लिए हमवार नहीं होता मैं
तेरी तस्वीर से तस्कीन नहीं होती मुझे
तेरी आवाज़ से सरशार नहीं होता मैं
लोग कहते हैं मैं बारिश की तरह हूँ 'शिवांशु
अक्सर औक़ात लगातार नहीं होता मैं

# 18. क़दम रखता है

क़दम रखता है जब रस्तों पे यार आहिस्ता आहिस्ता
तो छट जाता है सब गर्द-ओ-ग़ुबार आहिस्ता आहिस्ता
भरी आँखों से हो के दिल में जाना सहल थोड़ी है
चढ़े दरियाओं को करते हैं पार आहिस्ता आहिस्ता
नज़र आता है तो यूँ देखता जाता हूँ मैं उस को
कि चल पड़ता है जैसे कारोबार आहिस्ता आहिस्ता
उधर कुछ औरतें दरवाज़ों पर दौड़ी हुई आईं
इधर घोड़ों से उतरे शहसवार आहिस्ता आहिस्ता
किसी दिन कारख़ाना-ए-ग़ज़ल में काम निकलेगा
पलट आएँगे सब बे-रोज़गार आहिस्ता आहिस्ता
तिरा पैकर ख़ुदा ने भी तो फ़ुर्सत में बनाया था
बनाएगा तिरे ज़ेवर सुनार आहिस्ता आहिस्ता
मिरी गोशा-नशीनी एक दिन बाज़ार देखेगी
ज़रूरत कर रही है बे-क़रार आहिस्ता आहिस्ता

# 19. संवेदनाएं

आज समाज में व्यक्तिगत स्वार्थ की भावना का जिस तीव्रता से विकास हो रहा है वह बहुत शर्मनाक और चिन्ता का विषय है। इसमें कोई दो राय नहीं है कि भौतिकवाद के बढ़ते प्रभाव ने मनुष्य को स्वयं तक सीमित कर दिया है। आज वह केवल अपने लिए जीता है और अपने लिए सोचता है और यही कारण है कि आज समाज में घटने वाली रोडरेज की घटनाएं हो या रोड पर घटने वाली दुर्घटनाएं हो । या वे दुर्घटनाएं जिसमें तमाशबीनो की भीड़ होने के उपरान्त भी असंख्य व्यक्ति सही समय पर सहायता न मिल पाने के कारण बेमौत मर जाते हैं। ऐसी दुखद घटनाओं के पीछे लोगों में मानवीय संवेदना का पूर्ण अभाव देखने को मिलता है, वह मानव जिसकी पहचान ही उसके मानवीय गुणों जैसे कि सहानुभूति, संवेदना, दुःख आदि होती है और यही गुण मनुष्य में न रहेंगे तो मानव और पशु में अंतर करना ही असंभव हो जायेगा। हमारे समाज में आये दिन जिस प्रकार की मानवता को शर्मसार करने वाली घटनाएं घटित हो रही है वह वास्तव में हमारे संवेदनहीन हो रहे समाज की छवि को प्रदर्शित करती है। अभी पिछले कुछ माहों में ऐसी असंख्य दुखद घटनाएं घटित हुई जिसमें मानवता भी शर्मसार हुई।

यह हमारे समाज के लोगों की कैसी मानसिकता है कि वह मनुष्य होकर भी असभ्यों जैसी क्रियाएं करने लगा है ?

अभी कुछ दिनों पूर्व मैंने सोशल मीडिया पर वीडियो देखा जिसमें एक लड़की को पहले पब्लिक द्वारा बड़ी ही निर्दयता से मारा मीटा गया और फिर पेट्रोल छिड़ककर उसे जिन्दा जला दिया गया और कोई भी उस असहाय लड़की की सहायता के लिए आगे नहीं आया। यह समाज में घटने वाली मात्र एक घटना नहीं है। डायन बनाकर कभी बदला लेने के लिए बर्बरता पूर्ण ढंग से मार दी जाने वाली नारियां एक दो नहीं हजारों में होती है, इससे पूर्व भी एक प्रेमी जोड़े को पूरे गांव के समक्ष जिन्दा जला दिया गया और तो और दुर्घटनाग्रस्त व्यक्ति को भी लोग मरता हुआ छोड़कर आगे निकल जाते हैं लेकिन घायल व्यक्ति की सहायता के लिए आगे कोई नहीं आता। आश्चर्य तो तब होता है जब हमारा सभ्य समाज मूक दर्शक बना घटना की वीडियो बनाता रहता है और सोशल मीडिया पर अपलोड करता रहता है। यह वास्तविकता हमारे मानव होने पर प्रश्न चिन्ह लगाती है। ऐसी दुःखद घटनाओं के पीछे चाहे कैसी भी परिस्थितियां या कुछ भी कारण रहे हो लेकिन इतनी निर्दयता और इतनी नृशंसता से किसी के प्राण ले लेना, कौन सी बहादुरी है? ऐसी उन्नति ऐसी उपलब्धियां, ऐसा विकास आखिर किस काम का, जो नैतिकता को ही समाप्त कर दे। समाज की उन्नति, उसका विकास तभी संभव है जब इंसान दूसरे इंसान से प्यार करना सीखेगा, अपने लिए ही नहीं बल्कि दूसरों के लिए भी जीना सीखेगा, सामाजिक सद्भाव को बनाये रखने के लिए बहुत आवश्यक है कि मनुष्य अपने अन्दर मानवीय संवेदनाओं के भाव को जागृत करें।

जीवन कुदरत का दिया सबसे बेशकीमती उपहार है, जिसमें अनगिनत संभावनाएं छिपी हुई है। लेकिन अधिकांशत: अज्ञान और जागरूकता के अभाव में यही जीवन समस्याओं का अखाड़ा बन जाता है। हर किसी के जीवन में कोई न कोई समस्या अवश्य होती है, चाहे वो किसी भी उम्र, समुदाय अथवा वर्ग से संबंध रखता हो। यह मानना बेमानी होगा कि सिर्फ जो गरीब और लाचार है वही समस्या ग्रस्त है। समाज का वो वर्ग जो साधन सम्पन्न है, उसका जीवन अधिक समस्याग्रस्त प्रतीत होता है। समाचार पत्र या सोशल मीडिया पर प्रसारित पोस्ट को देखकर लगता है कि देश दुनिया में समस्या के अलावा कुछ भी नहीं है। हम एक समस्याग्रस्त समाज में रहते हैं। एक पल रुक कर सोचते हैं कि क्या सच में हमारा जीवन सिर्फ समस्याओं का ढेर भर रह गया है? क्या हम ऐसे समय में नहीं पहुंच गए जहाँ समस्याग्रस्त तनावपूर्ण जीवन जीने के अलावा हमारे पास कोई चारा शेष न रह गया हो...या सच्चाई का एक दूसरा पहलू यह है कि हम इतने अधिक व्यस्त (मशीनी) हो गए हैं कि समाधान की तरफ देखने का समय ही हमारे पास नहीं है। हम अनायास यांत्रिकता के शिकार होते जा रहे हैं, जोकि अपने आप में सबसे बड़ी समस्या है। सोचकर हैरानी होती है पर यह सच है कि पहले मनुष्य ने मशीनें बनाई और अब मशीनों पर उसकी बढ़ती निर्भरता इंसानों को मशीन बना रही है। मानवीय संवेदनाएं धीरे धीरे गायब होती चली जा रही है।

मानवीय संवेदनाओं का गायब होते जाना दूसरी सबसे बड़ी समस्या है। लोगों की दूसरे के प्रति संवेदनशीलता कम

होना जितना चिंताजनक है, उससे अधिक चिंताजनक है व्यक्ति का स्वयं में प्रति असंवेदनशील होते जाना। जिसका स्पष्ट प्रमाण बढ़ती आत्म हत्या की घटनाओं के रूप में देखा जा सकता है। कई ऐसी घटनाएं आम तौर और देखने सुनने में आती है कि लोगों ने अपनी जान इसलिए ले ली क्योंकि उनको कोई ऐसा मिला ही नहीं जिससे वो उचित परामर्श प्राप्त कर सकते। खासकर बच्चों के पास अपनी समस्याओं का हल पाने का उचित विकल्प मौजूद ही नहीं है। अक्सर लोग कहते हैं कि संयुक्त परिवार में मानसिक तनाव से आसानी से निपटा जा सकता था, पर प्रश्न यह है कि वर्तमान परिस्थिति में पुन: संयुक्त परिवार की तरफ लौटना आसान नहीं है। लिहाजा बढ़ते तनाव से निपटने में लिए नई संरचना को बनाने की जरूरत है। गहन आध्यात्मिक प्रशिक्षण की आवश्यकता है। अक्सर जब समस्याओं और तनाव से घिरे किसी व्यक्ति आप सुझाव देते हैं कि उसे स्वयं को समय देने की आवश्यकता है। उसके जीवन में तमाम समस्याओं की असली जड़ तो यह है कि स्वयं उसके शरीर मन और आत्मा के बीच का संतुलन बिगड़ गया है। यह सुझाव सुनकर अक्सर लोग कहते हैं कि उनके पास तो समय ही नहीं है स्वयं के लिए। असली समस्या की जड़ यही है। व्यक्ति सारे जीवन तनाव और समस्याओं में गुजार सकता है..कुदरत के दिए खूबसूरत उपहार को नष्ट कर सकता है पर वो कुछ पल ठहर कर जीवन की कार्यविधि में बारे में सोचना नहीं चाहता।

हैरानी कि बात है कि स्वयं के पास स्वयं के लिए समय नहीं है। स्वयं से प्रश्न किया जाना चाहिए कि आखिर हम

ऐसा कौन सा जीवन जी रहे हैं जिसमें आपके पास खुद में लिए समय नहीं है? ऐसी प्रणाली मनुष्य की नहीं वरन् मशीन की होती है। जीवन की आधी से ज्यादा समस्याओं का अंत तो उसी समय हो जाएगा, जब आप स्वयं को याद दिलाएंगे कि आप मशीन नहीं मनुष्य है और आपके सीने में धड़कता हृदय है और जिसमें तमाम संवेदनाएं हैं, जिनको महसूस करना और जीना आपके लिए उतना ही जरूरी है, जितना अपने अस्तित्व को भूल कर काम में डूबे रहना। ध्यान दे इसके लिए आपको लंबी छुट्टी लेने की जरूरत नहीं है। बस यह इरादा करने की जरूरत है कि आपको लाजबाब महसूस करने का अधिकार है। आप अपनी व्यस्त दिनचर्या में भी ऐसे तमाम काम कर सकते हैं जिससे आपको और आपके होने से किसी दूसरे को बहुत खुशी मिल सकती है। ऑफिस की व्यस्त दिनचर्या में कुछ पल के लिए आँखे मूँद कर उन लम्हों को याद कर सकते है जिनमे आपने जीवन को महसूस किया था। अपने सहकर्मी को एक मीठी मुस्कान दे सकते हैं। रास्ता चलते किसी व्यक्ति की मदद कर सकते हैं। मेट्रो या स्टेशन पर सीढ़ी चढ़ते किसी बुजुर्ग की मदद कर सकते है। स्वयं को उत्साह और उमंग से भरा रखकर दूसरों को खुश रहने की प्रेरणा दे सकते है। आप थोड़ा सा समय हर दिन निकाल कर देखिये आपको दूसरों को खुशी देने ने हजारों तरीके नजर आ जाएंगे और इन खूबसूरत लम्हों का लाभ यह होगा कि आप खुद पहले से ज्यादा तनाव मुक्त जीवन की तरफ बढ़ते जाएंगे। खुद को हर रोज याद दिलाएं कि आप मनुष्य है और आपके भीतर खूबसूरत संवदेनाएं हैं। आप मदद करने आये हैं न कि मशीन के आगे बैठकर मशीन

बनने...

# 20. प्रेम समर्पण

प्रेम परीक्षा नहीं प्रेम प्रतीक्षा है प्रेम बिना शर्तों वाली शुभ
दीक्षा है प्रेम वासना नहीं प्रेम उपासना है प्रेम ईष्ट की
मंगलमय आराधना है प्रेम किसी को खोकर फिर से पाना
हैं प्रेम नहीं 'निर्देश' प्रेम 'समझाना' है जो दिखलाये सत्य प्रेम
वो दर्पण है प्रेम नहीं समझौता प्रेम समर्पण है प्रेम ही है
आधार कठिनतम जीवन का प्रेम तत्व है मुख्य सदा
अपनेपन का हरदम नहीं है जीत प्रेम है हार कभी बिना
प्रेम के रिश्ते हैं व्यापार सभी प्रेम कभी मैया बहना भौजाई
है प्रेम सरल है प्रेम नहीं चतुराई है प्रेम जेठ की तपन प्रेम
ही सावन है प्रेम अयोध्या और प्रेम वृन्दावन है प्रेम
दिखावा नहीं प्रेम तो दर्शन है एक हृदय का दूजे से
आकर्षन है प्रेम धार गंगा की प्रेम हिमालय है प्रेम नेह का
वृहद विश्वविद्यालय है प्रेम नहीं है उलझन नहीं समस्या
है प्रेम बिना स्वारथ की मौन तपस्या है प्रेम पूर्ण है प्रेम
कभी ना आधा है प्रेम कन्हैया और प्रेम ही राधा है

# 21. समर्पण है प्रेम का पथ

किसी से चाहना प्रेम नहीं है। प्रेम है किसी को चाहना। यह चाह आधी-अधूरी नहीं, संपूर्णता की है। संपूर्णता की चाह समर्पण के बिना फलीभूत हो ही नहीं सकती।

कृष्ण अर्जुन को पहले कहते हैं, 'तुम मुझे बहुत प्रिय हो।' फिर कहते हैं कि उसे समर्पण करना होगा। समर्पण की शुरुआत एक धारणा से होती है। पहले तुम्हें यह मान लेना होगा कि तुम ईश्वर के सर्वप्रिय हो; तब समर्पण स्वत: ही होता है। समर्पण कोई कृत्य नहीं, एक धारणा है। समर्पण न करना अज्ञानता है, भ्रम है। समर्पण की शुरुआत एक धारणा से होती है, फिर यह वास्तविकता में व्यक्त होती है और आखिरकार एक भ्रम के रूप में अभिव्यक्त होती है, क्योंकि 'दो' तो है ही नहीं, कोई द्वैत नहीं। किसी का भी व्यक्तिगत रूप से स्वतंत्र अस्तित्व नहीं।

प्रश्न: समर्पण भ्रम है, यह जानने के लिए क्या समर्पण से गुजरना जरूरी है?

श्रीश्री : हां, बिल्कुल।

प्रश्न : तो फिर चुनाव कहां है?

श्रीश्री : चुनाव तुम्हारी नियति है। कृष्ण आरंभ में अर्जुन को नहीं कहते हैं कि उसे समर्पण करना है। पहले वे कहते हैं, 'तुम मुझे अत्यंत प्रिय हो।' बाद में वे उसे कहते हैं, 'तुम्हारे पास और कोई उपाय नहीं-तुम्हें समर्पण करना ही है। या तो अभी कर दो, नहीं तो बाद में करोगे ही।'

यही प्रेम का पथ है।

## प्रेम के चिह्न

जब तुम किसी को प्रेम करते हो, तुम उनमें कोई बुराई नहीं देखते। कोई त्रुटि दिखाई भी देती है, तो उसकी सफाई पेश करते हो और कहते हो। जितना तुम करते हो, उतना ही अधिक करना चाहते हो; लगता है कि तुमने पर्याप्त नहीं किया। वे हमेशा मन में रहते हैं।

साधारण चीजें विशेष हो जाती हैं, जैसे अपनी दादी को देखकर आंख मिचकाता हुआ एक शिशु। तुम चाहते हो कि वे एकमात्र तुम्हारे ही होकर रहें। जब तुम किसी को प्यार करते हो, उन्हें हमेशा खुश देखना चाहते हो। साथ ही, छोटी-छोटी बातें भी तुम्हें चोट पहुंचाती हैं।

प्रश्न : जब किसी के लिए कामना करते हो, तो वही चाहते हो न जो उनके पास नहीं है?

सभी : हां!

श्रीश्री : तो जब तुम शुभकामना करते हो, तुम्हारा तात्पर्य है कि अभी सब कुछ श्रेष्ठ नहीं है। मैं कहता हूं अब, यह क्षण ही सर्वश्रेष्ठ है, शुभ है। यदि तुम यह समझ जाओ, तभी तुम्हारा कल और बेहतर होगा।

## प्रेम की चाह पूर्णता

सांसों की माला में सिमरूं मैं पी का नाम

प्रीतम का कोई दोष नहीं है-वो तो हैं निर्दोष

प्रेम की माला जपते-जपते मैं हो गई बदनाम..

जब बहुत गहरा प्रेम होता है, तब तुम किसी भी गलतफहमी के लिए पूरी जिम्मेवारी लेते हो। पल-भर के लिए, ऊपरी तौर से, तुम निराशा व्यक्त कर सकते हो, परंतु जब तुम इसे दिल से नहीं महसूस करते तब तुम

पूरी तरह से आपस में सहमत होते हो। तुम प्रेम की स्थिति में हो जहां सभी समस्याएं और मतभेद मिट गए हैं और केवल प्रेम झलकता है।

प्राय: हम मतभेदों में उलझ जाते हैं, क्योंकि स्वभाव से दूर हो गए हैं। प्रेम के नाम पर दूसरे व्यक्ति को इच्छानुसार चलाना चाहते हैं। यह स्वाभाविक है कि जब हम किसी से प्रेम करते हैं तो चाहते हैं कि वे पूर्ण हों-त्रुटिरहित।

पहाड़ी के ऊपर से तुम जमीन के गड्ढे नहीं देख सकते; हवाई जहाज से देखने पर पृथ्वी समतल नजर आती है।

इसी प्रकार जब चेतना विस्तृत होती है, तुम्हें दूसरों की त्रुटियां नहीं नजर आती हैं। परंतु यदि जमीन पर आओ तो तुम हमेशा गड्ढों को देखते हो। गड्ढों को भरना चाहते हो तो तुम्हें उन्हें देखना ही होगा। हवा में रहकर तुम घर नहीं बना सकते। गड्ढों को देखे बिना, उनको भरे बिना, कंकड़-पत्थर हटाए बिना तुम जमीन को जोत नहीं सकते।

इसीलिए, जब तुम किसी को प्रेम करते हो, तुम्हें उनके सभी दोष दिखाई देते हैं। परंतु दोष देखने से प्रेम नष्ट होता है। गड्ढों को भरने के बदले हम उनसे दूर भागते हैं।

जब तुम किसी से प्रेम करते हो और उनमें दोष ही दोष देखते हो, उनके साथ रहो और गड्ढे भरने में उनकी मदद करो। यही प्रज्ञा है।

क्यों करते हो प्रेम?

मैं कहता हूं तुम बिलकुल बेकार हो। तुम किसी से प्रेम क्यों करते हो? क्या उनके गुणों के कारण? या अपनत्व के भाव के कारण?

अपनत्व महसूस किए बिना, केवल गुणों के लिए, तुम किसी से प्रेम कर सकते हो। ऐसा प्रेम प्रतिस्पर्धा और

ईर्ष्या पैदा करता है। परंतु जब प्रेम आत्मीयता से उभरता है तब ऐसा नहीं होता। जब तुम किसी को उनके गुणों के लिए चाहते हो, तब जब गुणों में बदलाव आता है, प्रेम भी बदल जाता है। परंतु यदि तुम प्रेम अपनत्व के भाव से करते हो, वह प्रेम जन्म-जन्मांतरों तक रहता है।

लोग कहते हैं, 'मैं ईश्वर से प्रेम करता हूं क्योंकि वे महान हैं।' यह बड़ी बात नहीं। यदि यह पाया जाए कि ईश्वर साधारण हैं, हमारे जैसे ही एक व्यक्ति, तब ईश्वर के प्रति तुम्हारा प्रेम समाप्त हो जाएगा। यदि तुम ईश्वर को इसलिए चाहते हो कि वे तुम्हारे अपने हैं, तब चाहे जैसे भी वे हों, चाहे वे रचना करें या विनाश, तुम फिर भी उन्हें प्रेम करते हो। अपनेपन का प्रेम अपने प्रति प्रेम के समान है। श्रीश्री रविशंकर

प्रश्न : कोई व्यक्ति स्वयं को प्रेम नहीं करते, तो..?

श्रीश्री: नहीं! बिलकुल इसके विपरीत है। वे स्वयं को इतना अधिक प्यार करते हैं कि खुद के लिए बेहतर गुण चाहते हैं, बेहतर छवि, अच्छा प्रतीत होना चाहते हैं। गुणों के प्रति यह प्रेम उन्हें स्वयं के प्रति कठोर बनाता है।

यदि प्रेम व्यक्ति के गुणों पर आधारित है, तब वह प्रेम स्थायी नहीं। कुछ समय बाद गुण बदल जाते हैं और वह प्रेम डगमगा जाता है। किसी से उनकी महानता या विशिष्टता के लिए प्रेम करना तीसरे दर्जे का प्रेम है।

किसी से इसलिए प्रेम करना क्योंकि वे तुम्हारे अपने हैं, चाहे महान हों या नहीं, निष्काम प्रेम है - प्रतिबंध-रहित, शर्त-रहित। ज्ञान, साधना, सेवा और सत्संग द्वारा बहुत जल्दी अपनत्व का भाव आता है। अपनत्व के भाव से जब प्रेम उभरता है, तब कृत्य और गुणों का उस प्रेम पर

प्रभाव नहीं। न तो गुण और न ही कृत्य हर समय पूर्ण हो सकते हैं। प्रेम और अपनत्व के भाव ही संपूर्ण हो सकते हैं।

प्रेम और वासना

प्रेम में एक वस्तु भी जीवंत हो उठती है। पत्थर तुम्हें कुछ कहते हैं, वृक्ष तुमसे बातें करते हैं। चांद, सूरज और समस्त सृष्टि सजीव और दिव्य हो जाती है।

वासना में एक सजीव प्राणी भी केवल वस्तु बन जाता है। तुम लोगों को भी वस्तुओं की तरह इस्तेमाल करना चाहते हो।

प्रेम और वासना के कुछ विशिष्ट लक्षण-ये इतने विपरीत हैं फिर भी इतने समीप! तुम्हें कुछ और मिले, तो इस सूची में जोड़ देना :

वासना तनाव लाती है, प्रेम विश्राम लाता है। वासना अंग पर केंद्रित होती है, प्रेम पूरे पर। वासना हिंसा लाती है, प्रेम बलिदान लाता है। वासना में तुम झपटना चाहते हो, कब्जा करना, प्रेम में तुम देना चाहते हो, समर्पण करना। वासना कहती है, ‘जो मैं चाहूं, वही तुम्हें मिले’ प्रेम कहता है, ‘जो तुम चाहो, वह तुम्हें मिले।’ वासना ज्वर और कुंठा लाती है, प्रेम उत्कंठा और मीठा दर्द पैदा करता है। वासना जकड़ती है, विनाश करती है, प्रेम मुक्त करता है, तुम्हें स्वतंत्र करता है। वासना में प्रयत्न है, प्रेम प्रयत्नहीन है। वासना में मांग है, प्रेम में अधिकार है। वासना तुम्हें दुविधा देती है, उलझाती है, प्रेम में तुम केंद्रित और विस्तृत होते हो। वासना केवल नीरस और अंधकारमय है प्रेम के अनेक रूप और रंग हैं। काम-वासना में बाधा होने पर व्यक्ति क्रोधित होते हैं और घृणा करने लगते हैं। आज

संसार में फैली घृणा प्रेम के कारण नहीं, बल्कि वासना के कारण है। प्रेम में विनोद है, सरलता है और वासना में कपट है, छलयुक्ति है। शिव ध्यान में बैठे थे जब कामदेव ने फूलों के बाण से खलल डाला। शिव ने अपना तीसरा नेत्र खोला और कामदेव, मनमथ को भस्म कर दिया। इस बात को समझकर कि जीवन कितना रंगीन है, लोग एक-दूसरे पर रंग डालकर उत्सव मनाते हैं। जीवन में हम कई भूमिकाएं निभाते हैं। यदि सभी भूमिकाएं आपस में मिल जाती हैं तो जीवन अंधकारमय हो जाता है, जैसे सभी रंगों के मिल जाने पर होता है। ज्ञानी प्रत्येक भूमिका को स्पष्टता से अलग-अलग निभाते हैं, जैसे कि इंद्रधनुष में सभी रंग आसपास में प्रदर्शित होकर इंद्रधनुष बनाते हैं।

# 22. क्या भूलूं क्या याद करूं....

दुनिया के कुछ उलझन से
मन मुग्ध सहित कभी चितवन से
कुछ बात किए हैं सावन से
तो कैसे उन पर घात करूं

जब देखा वह राह पुरानी
क्या भूलूं क्या याद करूं

गुजरे क्षण को परख के मैं
कभी विनती करता हूं ...
ऐसे मत आना जी दहलाना
संधि करता हूं
पल बीते को याद कर
कैसे उनको बर्बाद करो ...???

जब देखा वह राह पुरानी
क्या भूलूं क्या याद करूं...

# 23. अकेले राह चला तो

आज अकेले राह चला तो
दिल में बढ़ते भार से जाना
तुम्हें छोड़ना कितना मुश्किल
हाथ हमआर भूल चुके हैं
हाथों को बिन थामे चलना
दुनिया तो एकाकीपन है
दुनिया तेरे साथ टहलना
तेरी याद में राहें भटका
रहा नहीं जब अपने बस का
मन के सूनेपन से जाना
तुम्हें छोड़ना कितना मुश्किल
तुमसे मिलना समय रोकना
दोनों जैसे एक जैसा है
उम्र ने गिनती बदली लेकिन
जैसा था सब.. सब वैसा है
जब दिखा कहीं भी सिरा नहीं
पलकों के गीलेपन से जाना
तुम्हें छोड़ना कितना मुश्किल
गंगा के पानी के छींटे
तुम्हें जो मुझपर फेंके थे
पावन प्रेम लिए पावन जल
तन मन के रस्ते छेंके थे

घाट दूर तक नजर न आया
कुछ यूं डूबा मन तब ये जाना
तुम्हें छोड़ना कितना मुश्किल

# 24. बूढ़े किसान की वेदना

बूढ़ा हो गया हूँ मैं चेहरे की लालिमा कुछ चली सी गयी है, आंखो की रोशनी फीकी सी पड़ गयी है , कमर मेरी अब झुक सी गयी है, और साँसो की डोर अब रुक सी रही है. . . बूढ़ा हो गया हूँ मैं अब खेत का झमेला मुझसे नहीं होता, रह गया अकेला, अब मुझसे नहीं होता, दो वक्त की रोटी की खातिर, मर रहा हूँ मैं क्योंकि बूढ़ा हो गया हूँ मैं अब रोज़ नये ज़ुल्म होते हैं मुझ पर, कभी खेतों की तो कभी पैसों की मार, पड़ती हैं मुझ पर. . . सच कितना अकेला हो गया हूँ मैं क्योंकि बूढ़ा हो गया हूँ मैं अब तो माईबाप (सरकार) ने भी सुनना बंद कर दिया है, कौडियों के दाम भी, गेहूँ लेना बंद कर दिया है. . . अब पानी पी पी कर काम चला रहा हूँ मैं क्योंकि बूढ़ा हो गया हूँ मैं बेटा अब तू भी बैठा है परदेस, सुना है नहीं लौटना चाहता अपने देस, अब मेरी आर्थि को कान्धा तेरे हाथ से मिले, इस बात की आस लिये तरस रहा हूँ मैं क्योंकि बूढ़ा हो गया हूँ मैं बूढ़ा हो गया हूँ मैं हाँ बूढ़ा हो गया हूँ मैं

# 25. मेरे लेखनी के प्राण....

<u>माँ हिंदी के आगन के यशस्वी पुत्र और मेरे लेखनी के प्राण....</u>

लाखों क्रौंच कराह रहे हैं,

जाग, आदि कवि की कल्याणी?
फूट-फूट तू कवि-कंठों से,
बन व्यापक निज युग की वाणी।"

कविता वह है जो अपने युग की वाणी बने। अपने दौर के हर वर्ग और शोषितों की हक़ में उठे। समाज में व्याप्त पाखंड और आडंबर को खत्म कर एक स्वस्थ और जागृत समाज के निर्माण में अपना योगदान दे। राष्ट्रकवि रामधारी सिंह दिनकर जीवन भर अपनी कविता के जरिए यही करते रहें और अपने युग के कवियों से इसका आह्वान भी करते रहे। उनकी ये पंक्तियां उनके विचारों और सोच को ही दर्शाती हैं। दरअसल, आधुनिक युग में हिन्दी काव्य में पौरुष का प्रतीक और राष्ट्र की आत्मा का गौरव गायक जिस कवि को माना जाता है, उसी का नाम रामधारी सिंह 'दिनकर' है।

दिनकर यशस्वी भारतीय परम्परा के अनमोल धरोहर हैं, जिन्होंने अपनी कालजयी रचनाओं के जरिए देश निर्माण और स्वतंत्रता संघर्ष में स्वयं को पूरी तरह समर्पित कर दिया था। 'कलम आज उनकी जय बोल' जैसी प्रेरणादायक कविता और उर्वशी जैसे काव्य के प्रणेता रामधारी सिंह दिनकर ने साहित्य की विभिन्न विधाओं में अनवरत लेखन किया, लेकिन उनकी विशिष्ट पहचान कविता के क्षेत्र में ही बनी। उन्होंने कविता में पदार्पण भले ही छायावाद और श्रृंगार रस से प्रभावित होकर किया हो, लेकिन समय के साथ-साथ उनकी कविता निरंतर राष्ट्रीयता और स्वातंत्र्य प्रेम का पर्याय बनती चली गई।

दिनकर ने अपनी इस राष्ट्रीयता और राष्ट्रीय प्रेम को स्वीकार्य करते हुए भारतीय ज्ञानपीठ पुरस्कार समारोह के अवसर पर कहा था कि "जिस तरह जवानी भर मैं रवीन्द्र और इक़बाल के बीच झटके खाते रहा, उसी तरह जीवन भर मैं गांधी और मार्क्स बीच भी झटके खाता रहा हूँ। इसीलिए उजले को लाल से गुणा करने पर जो रंग बनता है वही रंग मेरी कविता का है और मेरा विश्वास है कि भारतवर्ष के भी भावी व्यक्तित्व का रंग यही होगा।"

23 सितंबर 1908 को बिहार के मुंगेर जिला के सिमरिया गांव में जन्में रामधारी सिंह दिनकर की शुरुआती शिक्षा गांव में ही हुई। पिता रवि सिंह किसान थे। दिनकर ने स्नातक की पढ़ाई पटना विश्वविद्यालय से की। छात्र जीवन से ही संघर्षों और चुनौतियों से जूझते हुए दिनकर ने बचपन से जवानी तक के सफ़र में अनेक उतार-चढ़ाव

देखे। इस संघर्षों ने दिनकर के विचारों और सोच को एक व्यापक दृष्टिकोण प्रदान किया। इस परिवेश का परिणाम ही था कि जुझारूपन उनके व्यक्तित्व की एक प्रमुख प्रवृति बन गया। हालांकि, तमाम उतार-चढ़ाव के बावजूद दिनकर की पैनी नजर अपने युग की हर छोटी-बड़ी घटनाओं पर केंद्रित रही। अपने युग की हर सांस को वे पहचानते थे और इसका विस्फोट उनकी कविताओं और रचनाओं में खूब देखने को मिलता है। तभी तो दिनकर यह ललकारते हुए दिखते हैं कि

*"सुनूँ क्या सिंधु मैं गर्जन तुम्हारा, स्वयं युग-धर्म का हुंकार हूँ मैं*
*कठिन निर्घोष हूँ भीषण अशनि का, प्रलय गांडीव का टंकार हूँ मैं।"*

जीवन भर दिनकर ने अपनी लेखनी में जन-जागरण के लिए हुंकार की इस गर्जना को बरकरार रखा। अपनी रचनाओं के माध्यम से वे लगातार न केवल हिन्दी साहित्य के भंडार को अपनी विविध विधाओं से भरने का प्रयत्न करते रहें, बल्कि क्रांति-चेतना के अग्रदूत बनकर अपनी कविताओं के जरिए राष्ट्र प्रेम का अलख भी जगाते रहे। दरअसल राष्ट्रीय कविता की जो परंपरा भारतेन्दु से शुरू हुई थी उसकी परिणति हुई दिनकर की कविताओं में। उनकी रचनाओं में अगर भूषण जैसा कोई वीर रस का कवि बैठा था, तो मैथिलीशरण गुप्त की तरह लोगों की दुर्दशा पर लिखने और रोने वाला एक राष्ट्रकवि भी। दिनकर की लेखनी में अगर हर्ष है तो पीड़ा भी है। खुशी है तो वेदना भी है। निराशा है तो आशा की उम्मीद भी है।

व्यवस्था के प्रति क्षुब्धता है तो एक नई सवेरा की उम्मीद भी है। हताशा है तो उससे उबरने की ताकत भी है। अतीत को समेटे, वर्तमान को उसी रूप में दर्शाते और भविष्य की राह बताते दिनकर अपनी रचनाओं में राष्ट्र प्रेम और राष्ट्र धर्म को सबसे ऊपर रखते हैं और यही बात दिनकर को राष्ट्रकवि बनाती है।

दिनकर जितने बड़े ओज, शौर्य, वीर और राष्ट्रवाद के कवि हैं उतने ही बड़े संवेदना, सुकुमारता, प्रेम और सौंदर्य के कवि भी हैं। दिनकर ने अपनी रचनाओं में संवेदनाओं का बड़ा मर्म चित्रण किया है। प्रणभंग से लेकर हारे को हरिनाम तक में इसे आसानी से देखा जा सकता है। दरअसल दिनकर की काव्य लेखन उस युग से आरम्भ होती है जब गोरी सरकार के अत्याचारों के प्रतिरोध में देश का हर नौजवान सीना तान कर खड़ा था। ये वो समय था जब देश का छितिज नवयुवकों की छाती से निकलते हुए खून से लाल हो रहा था। कोड़े खाते हुए निर्दोष जनता के मुँह से निकलती हुई वन्दे मातरम् की हर आवाज़ एक नई आगाज़ का संदेश दे रही थी और फाँसी पर झूलते हुए निर्भीक चेहरे भविष्य के पट पर लिखे हुए इतिहास की आहट सुना रहे थे।
दिनकर ने उस दौर में इतिहास की इन घटनाओं को कसौटी पर कसते हुए लिखा-

*"जब भी अतीत में जाता हूँ,*
*मुर्दों को नहीं जिलाता हूँ।*
*पीछे हटकर फेंकता बाण,*

## *जिससे कम्पित हो वर्तमान"*

दरअसल दिनकर जिस परिवेश में पले-बढ़े थे उसमें उन्होंने अंग्रेजों के अत्याचार को करीब से देखा और झेला था और इसे लेकर उनके मन में भारी आक्रोश था। वहीं साहित्य और इतिहास के ज्ञान ने उन्हें सामंतवाद और उपनिवेशवाद के अत्याचारी गठबंधन और समाज पर पड़ने वाले उसके नकारात्मक प्रभावों के खिलाफ खड़े होने पर मजबूर कर दिया। ऐसे में अगर उनके उग्र विचारों में राष्ट्रीय चेतना संपन्न कवि का रूप उभर कर सामने आया तो उसमे तत्कालीन परिवेश और पृष्ठभूमि का बहुत बड़ा योगदान था।

परिवेश के साथ ही परिस्थितियों ने भी दिनकर के व्यक्तित्व को गढ़ने में महत्वपूर्ण भूमिका निभाई। घर पर नियमित रूप से होने वाले रामचरितमानस का पाठ और बचपन में ही मैथिलीशरण गुप्त और माखनलाल चतुर्वेदी जैसे राष्ट्रीय कवियों की रचनाओं ने दिनकर के विचार और व्यक्तित्व को काफी प्रभावित किया। साथ ही स्वतंत्रता संग्राम, समकालीन विश्व के अनेक देशों में चल रही आजादी का संघर्ष, गांधी जी के विचार, लेनिन का नायकत्व, भगत सिंह और गणेश शंकर विद्यार्थी की शहादतें, स्वामी सहजानंद सरस्वती का किसान आंदोलन, विवेकानंद, राजा राममोहन राय, दयानंद सरस्वती और दो-दो विश्व युद्धों की विभीषिका ने दिनकर के विचारों और अभिव्यक्ति को एक नई दिशी दी।

स्वतंत्रता आंदोलन के दौरान ज्यादातर कवि गांधी और मार्क्स के विचारों के द्वन्द में झूल रहे थे। दिनकर भी इससे अछूते नहीं थे। एक और गांधी जी की अहिंसक नीति और सत्याग्रह तो दूसरी ओर चन्द्रशेखर आजाद और भगत सिंह के क्रांति कार्य थे। ऐसे में जब अहिंसक सत्याग्रह की राजनीति से युवाओं की आस्था हिलने लगी थी तब दिनकर ने अपनी इस मन:स्थिति को हिमालय कविता में कुछ इस ढंग से प्रस्तुत किया।

*"रे, रोक युधिष्ठिर को न यहाँ,*
*जाने दे उनको स्वर्ग धीर,*
*पर, फिरा हमें गाण्डीव गदा,*
*लौटा दे अर्जुन भीम वीर" ।*

हिमालय से दिनकर की जो उपनिवेशवाद विरोधी उग्र राष्ट्रीय काव्य धारा चली, उसकी परिणति हुंकार, कुरुक्षेत्र और परशुराम की प्रतिक्षा में देखने को मिली। राष्ट्रीयता की यह भावना समय और हालात के साथ उनकी लेखनी में और उग्र होती चली गई। अँगरेज़ों के जुल्म और युद्ध की परिणति ने दिनकर को विचलित कर दिया था। उन्होंने युद्ध के अस्तित्व पर ही प्रश्नचिन्ह खड़ा करते हुए 'कुरुक्षेत्र' जैसा ग्रन्थ लिखा। कुरुक्षेत्र में तो दिनकर ने जैसे अपनी आत्म संघर्ष की पूर्ण परिणति ही कर दी। उन्होंने द्वितीय विश्वयुद्ध की विभिषिका देखी थी। उनके सामने महात्मा गांधी का सत्य और अहिंसा पर आधारित स्वाधीनता आंदोलन था, जिससे प्रभावित होकर उनमें एक वैचारिक द्वंद्व उठ खड़ा हुआ कि अत्याचार

और अन्याय का विरोध अहिंसा के जरिए करना ठीक है या कृष्ण द्वारा हिंसामूलक युद्ध की नीति उचित है। यैसे में दिनकर युद्ध के औचित्य पर सवाल खड़ा करते हुए कहते हैं...


*"शांति नहीं तब तक, जब तक,*
*सुख-भाग न नर का सम हो।*
*नहीं किसी को बहुत अधिक हो,*
*नहीं किसी को कम हो।"*

कुरुक्षेत्र को अपने समय का आक्रोश का काव्य भी कहा गया है। कुरुक्षेत्र के प्रकाशन के साथ ही दिनकर उत्तर छायावाद काल के सबसे बड़े कवि के रूप में प्रतिष्ठित हो गए।


दिनकर, जितने कठोर उपनिवेशवाद को लेकर थे उतने ही संवेदनशील मानवता को लेकर भी थे। उन्नीस सौ सैंतालीस में भारत के विभाजन को लेकर दिनकर ने जैसे देश की आत्मा का पूरा दर्द इन शब्दों में ढाल दिया है-


*"हाथ की जिसकी कड़ी टूटी नहीं,*
*पाँव में जिसके अभी जंजीर है।*
*बाँटने को हाय तौली जा रही,*
*बेहया उस कौम की तकदीर है"।*


वहीं, दूसरी ओर दिनकर ने आज़ादी को नया सूर्योदय भी कहा और इसका पूरा श्रेय भारत की जनता को दिया। दिनकर ने स्वतंत्रता का अपने निराले अंदाज में स्वागत

किया और पहले गणतंत्र दिवस के अवसर पर उनकी लिखी कविता बाद में जयप्रकाश नारायण के नेतृत्व में 1974 के संपूर्ण क्रांति की नारा बनी।


"सदियों की ठंढी-बुझी राख सुगबुगा उठी,
मिट्टी सोने का ताज पहन इठलाती है।
दो राह, समय के रथ का घर्घर नाद सुनो,
सिंहासन खाली करो कि जनता आती है"।


दिनकर की कविताओं में अगर विद्रोह है, विस्फोट है, तो जीवन की निर्बाध गति भी है। दिनकर की कला में स्वप्नों का सौन्दर्य नहीं है, उसमें जीवन के संघर्षों का सौन्दर्य है। 'विपथगा' कविता में दिनकर समाज में व्याप्त विषमता और व्यवस्था के प्रति बगावती तेवर अपना लेते हैं।


"श्वानों को मिलता दूध-वस्त्र, बच्चे भूखे अकुलाते हैं,
माँ की हड्डी से चिपक, ठिठुर जाड़ों की रात बिताते है
युवती के लज्जा वसन बेच जब ब्याज चुकाए जाते हैं,
मालिक जब तेल-फुलेलों पर पानी सा द्रव्य बहाते हैं,
पापी महलों का अहंकार देता मुझको तब आमंत्रण।"


दिनकर ने अपने साहित्य के जरिए न केवल रूढ़ियों का पुरजोर विरोध किया बल्कि दलितों, शोषितों पर हो रहे अत्याचारों के ख़िलाफ़ जमकर आवाज़ भी उठाई। जाति व्यवस्था को केंद्र में रखकर दिनकर ने अपना सबसे लोकप्रिय प्रबंध काव्य 'रश्मिरथी' लिखी। रश्मिरथी में दिनकर ने कर्ण के जरिए जाति व्यवस्था से उत्पन्न अनेक

विसंगतियों और सामाजिक कुरीतियों पर प्रश्न खड़े किए हैं। दिनकर की रश्मिरथी उनकी वाणी की उस शक्ति का प्रतीक है जिसने हर तरह की विषमता का खुलकर मुकाबला किया।

"ऊँच-नीच का भेद न माने, वही श्रेष्ठ ज्ञानी है,
दया धर्म जिसमें हो, सबसे वही पूज्य प्राणी है।
क्षत्रिय वही, भरी हो जिसमें निर्भयता की आग,
सबसे श्रेष्ठ वही ब्राह्मण है, हो जिसमें तप-त्याग।"

परिस्थितियों के दबाव में कभी-कभी दिनकर आक्रान्त भी हो जाते थे। 1962 में भारत पर हुए चीनी आक्रमण ने उनके अन्तर्मन को झकझोर दिया। इस हमला ने अहिंसा और गांधीवाद के प्रति दिनकर की आस्था को जड़ से हिला दिया। सारा देश क्षुब्ध और आवेशित था। दिनकर का पौरुष एक बार फिर हुंकार उठा। वो 'परशुराम की प्रतीक्षा' के माध्यम से राष्ट्र के आहत स्वाभिमान के प्रतीक बनकर फूट पड़े।

"गरजो, अम्बर को भरो रणोच्चारों से,
क्रोधान्ध रोर, हाँकों से, हुंकारों से।
यह आग मात्र सीमा की नहीं लपट है,
मूढ़ो ! स्वतंत्रता पर ही यह संकट है।"

बहुआयामी प्रतिभा के धनी दिनकर की कविता भी बहुरंगी है। वे केवल ओज, शौर्य और सहजता के कवि ही नहीं है। वे प्रेम, सौंदर्य और गीतात्मकता के कवि भी है। वस्तुत:

दिनकर राष्ट्रीयता और श्रृंगार को लेकर शुरू से ही दुविधाग्रस्त रहे। उनका चेतन मन जहाँ परिस्थितियों के दबावों से ग्रस्त रहा वहीं उनका अवचेतन प्रेम सौन्दर्य के सरोवर में आकंठ डूबा रहा। वे प्रणव के सरोवर में केवल डूबते और उतराते ही नहीं रहे, बल्कि प्रेम और सौन्दर्य के सत्य को जान लेने के लिए भी लगातार प्रयासरत रहे। उनके अनेक कविताओं में रूमानियत और सौन्दर्य की ये प्रवृत्ति दिखाई देती है।

रसवन्ती, मानवती से शुरू हुई दिनकर की सौन्दर्य कविता 'उर्वशी' में अपने चरम पर पहुँच गई। उर्वशी में दिनकर का एक नया रूप दिखा। दरअसल उर्वशी दिनकर की रूमानी संवेदना की चरम पराकाष्ठा है।

भारतीय ज्ञानपीठ से सम्मानित इस रचना में काम जैसे मनोभाव को स्वीकार करने और उसे आध्यात्मिक गरिमा तक पहुँचाने के लिए जिस साहस की जरूरत थी वो दिनकर में मौजूद था। उर्वशी में अर्धनारीश्वर का अर्थ समझाते हुए कहते हैं- जिस पुरुष में नारीत्व नहीं वह अधूरा है, और जिस नारी में पुरुषत्व नहीं वह भी अपूर्ण है। दरअसल दिनकर में पौरुष की हुंकार थी तो स्त्री का प्रेम भी। तभी तो दिनकर उर्वशी में कहते हैं।


*"मर्त्य मानव की विजय का तूर्य हूँ मैं,*
*उर्वशी ! अपने समय का सूर्य हूँ मैं।*
*अंध तम के भाल पर पावक जलाता हूँ,*
*बादलों के सीस पर स्यंदन चलाता हूँ।"*
इसमें कोई शक नहीं कि उर्वशी प्रेम की अतीन्द्रियता की कविता है। वह आत्मा के तल पर पहुँच कर निस्पंद हो

जाने वाले काम की कविता है। वह जीवन के उदात्त क्षणों के अनुभूति की अभिव्यक्ति है।

दिनकर के व्यक्तित्व के एक नहीं अनेक रूप थे। इसी के अनुरूप उन्होंने अपनी रचनाओं के साथ ही सार्वजनिक जीवन में प्रगतिशील और आधुनिक समाजवादी चिंतन को पर्याप्त महत्व दिया। गांधी जी के व्यक्तित्व ने उनके चिंतन को एक ख़ास दिशा दी, तो नेहरू के सामासिक संस्कृति के दर्शन ने दिनकर के राष्ट्रीय चिंतन को बहुत दूर तक प्रभावित किया। दिनकर की संस्कृति के चार अध्याय इस चिंतन की सर्जनात्मक अभिव्यक्ति थी। संस्कृति के चार अध्याय ने उन्हें गद्य लेखक के रूप में बौद्धिक समाज में पूरी प्रतिष्ठा के साथ स्थापित कर दिया।

'संस्कृति के चार अध्याय' उनकी गहन गवेषणा, सूक्ष्म अन्वेषण, भारतीय संस्कृति से उद्दाम प्रेम का विशिष्ट उपाहार तो है ही, उनकी विलक्षण क्षमताओं का अत्यंत सजीव प्रमाण भी है।

समय और परिस्थितियों से दिनकर भी अछूते नहीं रहे। यही वजह रही कि समय के साथ-साथ उनकी कविता भी बदलती रही। स्वतंत्रता से पहले दिनकर आज़ादी के लिए अलख जाते रहे, तो स्वतंत्रता के बाद आम जनता की आवाज़ बन गए। आज़ादी से पहले भी भारत की जनता दिनकर के दिल पर राज करती थी और आज़ादी के बाद भी करती रही। तभी तो जिस दिनकर की वीर रस में डूबी कविताओं के बगावती तेवर देखकर अँगरेज़ भी घबराते थे,

वही दिनकर आज़ादी के बाद देश की आवाज़ बन गए और फिर देश के राष्ट्रकवि।
दिनकर 1952 से 1963 तक राज्यसभा के सांसद रहे और दिल्ली का सच देखते रहे। दिल्ली की विलासपूर्ण जीवन और गाँवों की बदहाली पर उन्होंने 1954 में 'भारत का यह रेशमी नगर' कविता लिखा।


"दिल्ली फूलों में बसी, ओस-कण से भीगी, दिल्ली सुहाग है, सुषमा है, रंगीनी है,
प्रेमिका-कंठ में पड़ी मालती की माला, दिल्ली सपनों की सेज मधुर रस-भीनी है।"


दिनकर ने कभी भी अपने साहित्य के आदर्शों को लेकर समझौता नहीं किया। उन्होंने भ्रष्टाचार में डूबे देश के कटु सच को बिना किसी डर-भय के कहने में कभी कोताही नहीं बरती-


"टोपी कहती है, मैं थैली बन सकती हूँ,
कुरता कहता है मुझे बोरिया ही कर लो।
ईमान बचाकर कहता है, आँखें सबकी
बिकने को हूँ तैयार खुशी से जो दे दो।"


इतना ही नहीं वे देश और जनता की सुख-दुख से अंजान बने नेताओं और बुद्धिजीवियों को भी आगाह करने से नहीं चुकते।

"समर शेष है, नहीं पाप का भागी केवल व्याध,

*जो तटस्थ हैं, समय लिखेगा उनका भी अपराध।"*

दरअसल दिनकर का मुख्य सरोकार जनता के लिए था, उनके दुःख दर्द लिखने, उनकी पीड़ा कहने से था। जनता की दुख और बदहाली उन्हें हर हाल में उद्वेलित करते रहे। आजादी से पहले भी और आजादी के बाद भी। आज़ादी के बाद भी जब किसानों की स्थिति में कोई बदलाव नहीं दिखा तो दिनकर कह उठे-

*"जेठ हो कि पूस, हमारे कृषकों को आराम नहीं है,*
*छूटे कभी संग बैलों का ऐसा कोई याम नहीं है।*
*मुख में जीभ शक्ति भुजा में जीवन में सुख का नाम नहीं है,*
*वसन कहाँ? सूखी रोटी भी मिलती दोनों शाम नहीं है।"*

हिंदी साहित्य के इतिहास में ऐसे लेखक बहुत कम हुए हैं जो सत्ता के भी करीब रहे हों और जनता में भी उसी तरह लोकप्रिय हों। जो जनकवि भी हों और साथ ही राष्ट्रकवि भी। दिनकर का व्यक्तित्व इन विरोधों को अपने भीतर बहुत सहजता से साधता हुआ चला था।
यही वजह थी कि राष्ट्रकवि रामधारी सिंह दिनकर जीवन भर करोड़ों लोगों की आवाज बनकर देश में गूंजते रहे। जीवन भर राष्ट्र प्रेम का अलख जगाने वाले राष्ट्रकवि दिनकर 24 अप्रैल 1974 को इस दुनिया से चले गए। दिनकर के चले जाने से वह कंठ मौन हो गया, जिसने अपने गर्व भरे स्वरों में घोषित किया था-

"सुनूँ क्या सिंधु मैं गर्जन तुम्हारा,
स्वयं युग धर्म का हुंकार हूँ मैं"।

"सुनूँ क्या सिंधु मैं गर्जन तुम्हारा,
स्वयं युग धर्म का हुंकार हूँ मैं"।

# आहट है....

हो सके तो एक एहसान हम पर करना

नजर आए कभी हम तो देख कर नजर अंदाज मत करना

हम कोई दुश्मन तो नहीं

समझ लेना किसी अनजान से तुम को मोहब्बत ही सही

क्या इजहार करना ही प्यार है

इंतजार करना नहीं क्या

किसी को पा लेना प्यार है

तो उसका सिर्फ चाहना प्यार नहीं

उसकी सारी ख्वाइशो को पूरी करना प्यार है

तो उसकी खुशियां के लिए दुआ करना प्यार है तो फिर वो क्या है।

जाने कैसी नजर थी उनकी

जब से उनकी नजर ने , इस नजर को जिस नजर से था देखा

तब से इस नजर ने ,

किसी और नजर को,

उस नजर से एक नजर तक नहीं देखा

# 26. अधूरे उस श्रृंगार को....!!!

जो आवाज तुमको आ रहे थी . वह तलाश मेरी थी प्रिय

पर आपने सुना नहीं

तो क्या कहूं मैं आपसे

लिखता था आपको मैं

हवा की हर बाहर पर

पर आप हमें दिखे नहीं

उस प्रेम के श्रृंगार पर

उसी प्रेम को सजा कर

बस कहता हूं यह

मेरे प्रेम समझ लीजिए

बस कुछ ऐसा हूं मैं

उठना हो या चलना हो

पढ़ना हो या लिखना हो

सोना हो या रोना हो

बस जिक्र करते थे आपका हम... कॉपी हो स्कूल की या

घर का कोई कागज हो

कहते कुछ और ही

पर नाम लिखते थे आपका हम... आप हैं इसकी लिखावट

बस याद रखिएगा इस बात को.. अलविदा लेता हूं आपसे

और अधूरे उस श्रृंगार को....!!!

# 27. कर लूं मैं रचनाएं .....

कुछ देर से ही ,
कुछ देर सही
कुछ अर्पण मे,
कुछ दर्पण में
कुछ मन में है ,
तो समर्पण में .....
कुछ कागज में
आकर्षण में ,
है अंदर तेरे तो चुप क्यों हैं ....???
मत रख इनको अर्पण में ....बस नाम ले संकर्षण का
इनको लिख दे आदर्षण में ,
विधाएं आती है तो आएं
बस रोकना मत तू आशाएं,
तू गिरे या टूटे हंस जाए
बस कहना यही हर मुखड़े से,
पहले कर लूं मैं रचनाएं

# 28. आँखों की लालसा

मुक्तसर बहुत खूबसूरत है वो कापते होठों मलाल पर वह
जीभ सेकती है
है दिल भारी पर मन कहता है
आँखों की लालसा में बस ये आँखें ही देखती हैं ...!!!
इस बीमार दिल के अर्ज पर क्या कहे हम आपसे ,
नाराजगी दिखाऊं या बख्श लू मैं ख्वाब से
दिल है ,मन है ,तल ,बदन है तल ,तलब ,तलाश में बस
आपको ही लेखती है ....!!!
आँखों की लालसा में बस ये आँखें ही देखती हैं ...!!!

# 29. सन्यास

चार सौ पांच सौ सालों का इतिहास देखेंगे ना वो चंद लोगों का इतिहास है कुछ लोग स्टेज पर गेम दिखा रहे हैं और बाकी सब कठपुतली है सर और उन कुछ लोगो में यह शब्द कॉमन है संन्यास एकाकी जीवन, सन्यास शब्द जो है वो एक तरीके से सैक्रिफ़ाइस का सिनॉनिम है इस दुनिया की एक बड़ी खासियत है सर या तो आप चीजें छोड़ देते हैं कृपा इस कर देते हैं किसी बड़े गोल के लिए क्या आपको जिंदगी में कुछ बड़ा हासिल करना है कि आपने हर छोटी चीज़ खाना हो, सोना हो कोई सा भी कम्फर्ट हो आपने छोड़ दिया फॉर ए बिगर गोल सैक्रिफ़ाइस कर दिया, त्याग दिया आपने लेकिन जो आप उस कम्फर्ट में पड़े रहे पड़े रहे पड़े रहे पड़े रहे तो दुनिया आपसे सारे कम्फर्ट छीन लेते है सर पड़े रहे आप से छीन लिया गया है सब कुछ ये आपने पहले ही कम्फर्ट छोड़ दिया, त्याग दिया, कृपा इस कर दिया, सन्यास ले लिया सैक्रिफ़ाइस की मुझे जिंदगी में कुछ ऐसा हासिल करना है जिसके लिए दुनिया कहे की हाँ, इसने कुछ हासिल किया है यहाँ संन्यास काकी ऐस्पेक्ट होते हैं संन्यास का मतलब ये भी होता है की आपने घर, परिवार, कपड़े, एक वक्त का भोजन सब कुछ छोड़ दिया और अब प्रभु भक्ति में लीन हो गए, वो भी एक सन्यास है क्या आप सांसारिक माया से डी अटैच हो गए

उससे मुश्किल सन्यास पता है क्या है ???
सांसारिक जीवन को भोगते हुए संसार में रहते हुए घर परिवार के बीच रहते हुए आइसोलेट हो जाना जो चंद लोगों का इतिहास मैं आपको बता रहा हूँ ना सर उन्हें कपड़े त्याग किया, प्रभु भक्ति में नहीं गए थे वो उस सूट बूट में रहते हुए भी आइसोलेशन में थे उन्होंने जिंदगी में सेट किया हुआ था की मुझे ये हासिल करना है ऐड लिफ्ट ऐंड एक्स्ट्रीमली डिसिप्लिन लाइफ इफ यू आर एक्स्ट्रीमली डिसिप्लिन इट मीन्स यू आर ए मार्क लिविंग विथ फैमिली इफ यू अर एक्स्ट्रीमली डिसअप्पोइंट
आपको अपने बाल मुंडवाने पड़ेंगे आपको बिलकुल गंजा आपको रहना है ये नहीं discipline person can be a family as well
सब अगर आपको सक्सेस चाहिए ना सर सक्सेस संन्यास के बिना नहीं आयेगी **संन्यास** जिस लेवल की सक्सेस चाहिए उतना लंबा सन्यास मेडिकल में सलेक्ट होना है, आईआईटी में सेलेक्ट होना है एक से दो साल का संन्यास काफी है सर , बहुत है ज़िंदगी में कुछ ऐसा हासिल करना है की दुनिया पर राज़ करें कुछ ऐसा की दुनिया में ऐसा हुआ ही ना हो फिर जिंदगीभर का संन्यास लेना पड़ेगा आइसोलेशन की आपको हर वक्त आपका गोल दिख रहा है इस लेवल का संन्यास लेकिन मुझे सिर्फ सलेक्शन चाहिए, मुझे और कुछ नहीं चाहिए, इतना सन्यास तो मांगेगा इतना सन्यास तो चाहिए
सर इम्प्लिमेंट कैसे करें???
सन्यास को इम्प्लिमेंट कैसे करें मैं आपको बताता हूँ हमारे जीवन में ये जो संन्यास वर्ड है इसका एक ही मतलब है

emplimanting possitive habbits इन्हें हमें इन्क्रीज़ करते जाना है, इम्प्लिमेंट करते जाना है और इन्हें हमें खत्म करते जाना है नेगेटिव हैबिट्स

जिससे आपकी जिंदगी संन्यास की तरफ जा सकती है ये आपको संन्यास लेने पर मजबूर किया जा सकता है अगर आप सेक्रिफाइस नहीं करते हैं आप डिसिप्लिन नहीं रहते हैं तो दुनिया मजबूर कर देगी सर, आपको आप से छीन लिया जायेगा ऐसा सारे कम्फर्ट छीन लिए जाएंगे आपसे सारे कम्फर्ट वाले माहौल में रहते हुए भी कम्फर्ट को एन्जॉय ना करना प्रोक्रैस्टिनेशन आलस नेगेटिव थॉट्स इनसे दूर रहना सन्यास है सर मुंडवा के गेरुआ वस्त्र धारण करने की बात नहीं कर रहा हूँ मैं सर *डिसिप्लिन लाइफ* कई लोग गेरुआ वस्त्र पहनने के बाद भी चरस, गांजा फूंकते मिलते हैं वो ढोंगी हैं और कई लोग कोट पेंट में भी संन्यासी की जिंदगी जीते हैं सर इनका नाम है संन्यास का मतलब क्या है की हम लोग हमारी लाइफ में पॉज़िटिव हैबिट्स को इन्क्रीज़ करते हैं पॉज़िटिव हैबिट्स को और निगेटिव हैबिट्स को हम लोग खत्म करते जाते है मैं आपको बताता हूँ की कौन सी हैबिट्स ऐसी है जो पॉज़िटिव है कौन सी हैबिट्स ऐसी है जो नेगेटिव है मौन साइलेंस मौन से मन कि यात्रा जीवन को सफल बनाने के लिए सफलतम जीवन सफलतम विद्यार्थी सफलतम विद्यार्थी का रास्ता कुछ ऐसा जाता है क्या पहले मौन के रास्ते पर चलें और फिर आप साइलेंस जितनी ज्यादा आप दूसरों को जिम्मेदार मानते जाओगे, उतना ज्यादा फ्रस्ट्रेशन आपके लाइफ में बढ़ता जाएगा उतना ज्यादा नेगेटिव थॉट्स आपकी जिंदगी में बढ़ते

जाएंगे

Be yourself , make yourself , responsible
for everything that is happining in your life
एक और चीज़ कोई एक प्रतिज्ञा लेना अपनी जिंदगी में
ताकि वो आपको मोटिवेट रखें ताकि संन्यासी बनने में
आपकी मदद करे मोबाइल फ़ोन के ऊपर उंगलियां
फिसलने से नहीं, पूरे दिन पेन चलाकर उंगलियां पिचकने
से रैंक आता है सर और इसका कोई एक्सेप्शन नहीं है
अगर आपको लगता है कि आपको कुछ करना है जिंदगी
में उसके बिना कुछ नहीं हो पायेगा
संन्यासी की क्या खासियत होती अपनी जिंदगी में किसी
मिशन में फैल नहीं होता उसी को सन्यास ही कहते हैं
फेल नहीं होता सर क्योंकि वो सैक्रिफ़ाइस इसको इतने
एक्स्ट्रीम पर ले जाता है कि उसके फेल होने की
संभावनायें खत्म हो जाती है सर बस्ती ही नहीं है

# 30. अंदर से टूट जाते

अपनी जिंदगी से कभी नाराज मत होना, क्या पता आप जैसी जिंदगी दूसरे लोगों का सपना बहुत मजबूत हो जाते हैं वो लोग जो अंदर से टूट जाते हैं ज़िंदगी को इतनी सस्ती मत बनाओ की दो कौड़ी के लोग खेल कर चले जाएं मैं जानता हूँ कि मैं कुछ तो हूँ क्योंकि वो कोई भी चीज़ बेकार नहीं बनाता पर कतार हाँ उम्रभर ताकत दवाओं की दंग रह गया, देखकर ताकत दुआओं की प्रभु कहते हैं तू सोने से पहले सब को माफ़ कर मैं उठने से पहले तुझे माफ़ कर दूंगा अकेले रहना अच्छा है बजाए उनके साथ रहने के जिन्हें तुम्हारी कद्र नहीं ज़िंदगी एक ऐसी किताब है जिसके हजारों पन्ने अभी तक आपने नहीं पढ़े है किसी ने क्या खूब लिखा है, मैं पसंद तो बहुत हूँ सबको पर जब उनको मेरी जरूरत होती है तब कभी मैं अपने हाथों की लकीरों में ना उलझा क्योंकि मुझे पता था की किस्मत का लिखा भी बदला जा सकता है दर दर भटक रही थी पर दर नहीं मिला उस माँ के चार बेटे हैं पर रहने को घर नहीं मिला जिंदगी जीने के दो तरीके हैं एक तो जो पसंद है उसे हासिल करो और दूसरा जो हासिल है उसे तुम पसंद करना सीख लो चीजों की कीमत मिलने से पहले होती है और इंसान की कीमत खोने के बाद चाहे कसूर किसी का भी हो लेकिन रिश्ते में आंसू हमेशा बेकसूर के ही बहते हैं कोई भरोसा तोड़े तो उसका

भी धन्यवाद करे वो हमे सिखाते है की भरोसा बहुत सोच समझकर करना चाहिए तुम्हारे दिल की चुभन भी जरूर कम होगी किसी के पांव से कांटा निकाल कर तो देखो जिसके पास उम्मीद है वह लाख बार हार के भी नहीं हारता विजेता वो नहीं बनते जो कभी असफल नहीं हुए हैं बल्कि वो बनते हैं जो कभी भी हार नहीं मानतेकिसी के पांव से कांटा निकाल कर तो देखो जिसके पास उम्मीद है वह लाख बार हार के भी नहीं हारता विजेता वो नहीं बनते जो कभी असफल नहीं हुए हैं बल्कि वो बनते हैं जो कभी भी हार नहीं मानते...!!!

"एक रात की क्या बात है, मैं तो पूरी ज़िंदगी जागने के लिए तैयार हूँ, उसके एक दीदार के लिए।"

# 31. फितरत

ज़िंदगी में रिस्क लेना सिखों अगर तुम जीते तो तुम्हें वो सब कुछ मिलेगा जो तुम चाहते हो और अगर तुम हार भी गए तो बहुत कुछ सीख जाओगे जिंदगी में कभी उदास मत होना कभी भी किसी भी बात पर निराश मत होना ये ज़िन्दगी तो एक संघर्ष है इसीलिए कभी अपने जीने का अंदाज न होना, उन लोगों के सामने हमेशा खुश रहो जो तुम्हें पसंद नहीं करते क्योंकि तुम्हारी खुशी उन्हें जीते जी मार देगी परेशान मत हुआ करो लोगों की बातों से कुछ लोग पैदा ही बकवास करने के लिए होते हैं उस इंसान की शक्ति का कोई मुकाबला नहीं कर सकता, जिसके पास शक्ति के साथ सहनशक्ति भी हो छोटे मन से कोई बड़ा नहीं होता और टूटे मन से कोई खड़ा नहीं होता याद रखना सपने अगर तुम्हारे है तो पूरा भी तुम ही करोगे ना हालात तुम्हारे हिसाब से होंगे और नालों लोग आपकी बातों का तब तक यकीन नहीं करते जब तक आपका रिज़ल्ट उन्हें हिला कर ना रख दें जो अपने कदमों की काबिलियत पर विश्वास रखते हैं वो भी अक्सर मंजिल पर पहुंचते हैं अगर सच में किसी की मदद करने की इच्छा हो तो रास्ते अपने आप निकल आते हैं थोड़ी बुराइ भी होना जरूरी है हर रोज़ तारीफ ही मिले गी तो आगे कैसे बढ़ोगे अगर जिंदगी में सुकून चाहते हो तो लोगों की बातों को दिल से लगाना छोड़ दो यदि जिंदगी में कुछ पाना है तो

अपने तरीके बदलो इरादे नहीं आप हमेशा हिम्मत रखो आगे बढ़ते रहो अरे ताने तो भगवान को भी मिलते हैं आप तो फिर भी इंसान है डर मुझे भी लगा फासला देखकर पर मैं बढ़ता गया रास्ता देखकर खुद ब खुद मेरे नजदीक आती गई मंजिल मेरा हौंसला मेरा विश्वास देखकर हौसले के तरकश में वो तीर जिंदा रखो हार जाओ चाहे जिंदगी में सबकुछ, लेकिन फिर से जीने की उम्मीद जिंदा रख हो मुश्किलें केवल मेहनती लोगों के हिस्से में आती है क्योंकि कामचोर लोग तो कुछ करने की कोशीश ही नहीं करते याद रखना तुम्हारा ये बुरा समय तुम्हारी सफलता की एक सीढ़ी है यदि जज्बा रहा तो हर मुश्किल का हल निकलेगा जर्मीं बंजर हुई तो क्या हुआ वहाँ से भी जल निकलेगा ना हो मायूस ना घबरा देने से इन्हीं रातों के दामन से सुनहरा कल भी निकले गा किसी महान लक्ष्य के लिए मेहनत करो फिर देखना जो लोग तुम्हें खोएंगे वो जीवन भर रोएंगे जो हो गया उसे सोचा नहीं करते जो मिल गया उसे gaya नहीं करते हासिल उन्हें ही होती है सफलता जो वक्त और हालात पर रोया नहीं करते जो लोग आज आप पर विश्वास नहीं कर रहे वह एक दिन सबको बताएंगे की वो आपसे कैसे मिले थे बहुत मुश्किल है उस शख्स को गिराना जिसकों चलना ही ठोकरों ने सिखाया हो मानो तो मौज है वरना परेशानियां तो हर रोज़ हैं हंसो तो एक बच्चे की तरह और जइयो तो एक राजा की तरह जो चीज़ आपको चैलेंज करती है वही चीज़ आपको चेंज करती है ये ज़रूरी नहीं की आपकी उम्र क्या है ज़रूरी ये है कि आप किस उम्र की सोच रखते हैं, उस जगह पर हमेशा खामोश रहना जहाँ दो कौड़ी के लोग

अपनी हैसियत के गुण गाते हो परख से परे है ये शख्सियत मेरी मैं उन्हीं के लिए हूँ जो समझते है कदर मेरी चेहरे किसी से नहीं बल्कि अपनी काबिलियत से चमकते हैं हर इंसान अपनी जुबां के पीछे छुपा हुआ है अगर उसे समझना है तो उसे बोलने दो जिंदगी को आसान नहीं बस खुद को मजबूत बनाना पड़ता है, सही समय कभी नहीं आता बस समय को ही सही बनाना पड़ता हैजीतने वाला ही नहीं बल्कि कहाँ पर हारना है ये जानने वाला भी सिकंदर होता है वहाँ तूफान भी हार जाते हैं जहाँ दिया जिद पर होती है हालात वो ना होने दें की हौसला बदल जाए बल्कि हौसला वो रखे की हालात बदल जाए ज़िंदगी में अगर निखारना है तो एक बात बिखरना भी जरूरी है जिसपर जग हंसा है उसी ने ही इतिहास रचा है हर दिन की छोटी सफलता एक दिन आपको आपकी बड़ी मंजिल तक पहुंचाती है ये वक्त आपका है, चाहो तो सोना बना दो और चाहो तो सोने में गुजार दो हज़ार गम भी मेरी फितरत नहीं बदल सकते हैं, क्या करूँ मुझे आदत जो है मुस्कुराने की जितना आप अपने कामों को करने के लिए कठोर बन जाएंगे, जिंदगी उतनी ही आसान हो जाएगी और जितना आप अपने कामों को टाल दिए जाएंगे, जिंदगी उतनी ही कठोर हो जाएगी खुद की तरक्की में इतना वक्त लगा दो करने का वक्त ही ना मिले अगर भाग्य साथ नहीं दे रहा तो समझ लो मेहनत की कमी है, अच्छी किताबें और अच्छे लोग तुरंत समझ में नहीं आते उन्हें पढ़ना पड़ता है, मंजिलें भी जिंदगी है, रास्ते भी ज़िंदगी है अब देखिये कल क्या होता है क्योंकि मेरे हौसले भी ज़िंदगी है

# 32. दिल्लगी आई....

ताउम्र जेहन में ये खयाल रह जाएगा , मेरे दुपट्टे से
लिपटा तेरा रुमाल रह जाएगा

ताउम्र जेहन में यह खयाल रह जाएगा , मेरे दुपट्टे से
लिपटा तेरा रुमाल रह जाएगा

तू चला जाएगा मुझे छोड़ फिर अपने आसमां में , मुझे
अपनी वफाओ पर मलाल रह जाए

तेरी हँसी से मेरे घर में रौशनी , तू आयी तो मुझमें
जिंदगी है

की तेरी हँसी से मेरे घर में रौशनी आई , तू आयी तो
मुझमें जिंदगी आई

जाने कितने बरस रोती है आँखें , जाने कितने बरस रोती
है आँखें

तुझ को देखा तो इनको दिल्लगी आई.........!!!

तुझे पाया तो फिर से एक जन्म लिया, की तुझे पाया तो
फिर से एक जन्म लिया मैंने

बचपन आया, बाहर संग सादगी आयी

और एक रोज़ तेरे बगैर जीना पड़ा मुझको , की एक रोज़
तेरे बगैर जीना पड़ा मुझको

उस पल में हर पल में मौत सी आयी ...

फिलहाल सब बिखरा है पहले की मर्तबा , फिलहाल सब
बिखरा है पहले की मर्तबा

सब आया मेरे हिस्से तू नहीं आई....!!!

# 33. छुपाये रखे है ...

ना जाने किन किन गलियों में हकदार छुपाये रखे हैं तुमने
अपने अंदर कितने किरदार छुपाये रखे है
मैंने दिल खोला लब खोलें और खोला अपनी बाहों को...
मैंने ये दिल खोला लव खोलें और खोला अपनी बाहों को ,
तुमने अपने चेहरे मुझसे हर बार छुपाये रखे है ...!!!

# 34. शायद

की अब लौट आओ, वक्त सिमटता जा रहा है
की अब लौट आओ, वक्त सिमटता जा रहा है
मेरा दिल अपनी जगह से ज़रा हटता जा रहा है
की अब लौट आओ, वक्त सिमटता जा रहा है
मेरा दिल अपनी जगह से ज़रा हटता जा रहा है
और तुम्हारी नूर की मुझ में कुछ कमी सी है शायद
तुम्हारे नूर की मुझ में कुछ कमी सी है, शायद
तभी लोग कहते हैं मेरा नूर घटता जा रहा है .....!!!

# 35. प्रेम के फूलों में

तेरे हर सवाल का जवाब लिखा है

की तेरे हर सवाल का जवाब लिखा है , तुझे इश्क के फूलों में मैंने गुलाब लिखा है

कि तेरे हर सवाल का जवाब लिखा है मैंने प्रेम के फूलों में तुझे गुलाब लिखा है

की तेरे उनसे के मिसरे तू बेहद खूबसूरत है

की तेरे उनसे के मिसरे तू बेहद खूबसूरत है

मेरे ही कांपते हाथों ने इन्हें खराब लिखा है ....!!!

और लोग कहते है मोहब्बत का नशा उतर जाता है, वक्त के साथ ...

ये लोग कहते है मोहब्बत का नशा उतर जाता है, वक्त के साथ...

तेरा चढ़ता रहा तो तुझे शराब लिखा है ....!!!1

खयाल को हकीकत से बांधे रखती है तेरी मौजूदगी

खयाल को हकीकत से बांधे रखती है

तो दर्में या किसी खाप सा तो तुझे खाब लिखा है ....

तू दर में या किसी खाप सा तो तुझे खाब लिखा है ...

और मुकम्मल शेर हर कर दूँ मैं किसी पन्ने पर लिख कर

मुकम्मल शेर हर कर दूँ, मैं किसी पन्ने पर लिख कर

हों पन्ना प्रेम का पथिक की किताब लिखा है ...

तेरे हर सवाल का जवाब लिखा है..

मैंने प्रेम के फूलों में तुझे गुलाब लिखा है ....

# 36. इंतज़ार

ये सर्द हवाएं और ये धुंधली ...
सर्द हवाएं और ये धुंधली रात मुझसे एक सवाल पूछती है
???
आज फिर से अकेले खड़े हो यहाँ आज फिर से अकेले खड़े
हो या किसी के इंतजार में हो क्या
आज फिर से उनके प्यार में होना
तुम्हें कितनी बार तो यहाँ बिलखते आंसुओं के साथ तुम्हारे
टूटे हुए दिल को देखा है...
तुम्हें कितनी बार तो यहाँ बिलखते आंसुओं के साथ तुम्हारे
टूटे हुए दिल को देखा है ...
तुम थकते नहीं हो क्या....???
एक सवाल था, खुद से खुद ही के लिए तुम थकते नहीं हो
क्या...
क्या होता है जब हम प्यार में होते है ना और रिश्तों में
होता है वो रिश्ता टूट जाता है
शायद उनका इंतज़ार करना उनको भुला देने से ज्यादा
आसान होता है ...
शायद इसीलिए ....!!!

# 37. तस्वीर

जहाँ में प्रेम से बढ़कर कोई बीमारी नहीं

तुम्हारी बेवफाई में खता हमारी नहीं है

जहाँ मैं प्रेम से बढ़कर कोई बीमारी नहीं है,

तुम्हारी बेवफाई में खता हमारी नहीं है

हमेशा पर्स में मेरे तेरी तस्वीर रहती थी

रखी है आज भी तस्वीर बस तुम्हारी नहीं है ...
!!!

# 38. प्रेम में सुराग

मुझे फूल सा मुरझाई शांत कर दिया , मेरे अरमानों को तू
ने यू खाक कर दिया

मुझे फूल सा मुरझाई शांत कर दिया , मेरे अरमानों को तू
ने यू खाक कर दिया

और सारे जमाने से लड़कर तेरी प्रेम में पड़े ...

सारे जमाने से लड़कर तेरी प्रेम में पड़े .

तू ने तो प्रेम में सुराग कर दिया ...

कभी एक पल में तो कभी एक जमाने में वक्त नहीं
लगता किसी को गवाने में,

कभी एक पल में तो कभी एक जमाने में वक्त नहीं
लगता किसी को गवाने में

और अपनी गर्म सांसे तेरे घर पर भेज दी मैंने की

अपनी गर्म सांसे तेरे घर पर भेज दी मैंने

नहीं है देर ज्यादा सर्दियों के आने में ....!!!

और तुम्हारे कान में या फिर नियत में खोट होगी

तुम्हारे कान में या फिर नीयत में खोट होगी

लगा दी, जान थी मैंने तुम्हें भुलाने में

लगा दी, जान थी मैंने तुम्हें ...

# 39. ज्यादा नहीं  है ..

मेरी तकदीर में है प्रेम पर ज्यादा नहीं , तेरी तस्वीर से है
प्रेम पर ज्यादा नहीं है की

मेरी तकदीर में है प्रेम पर ज्यादा नहीं है , तेरी तस्वीर से
है प्रेम पर ज्यादा नहीं हैं,

प्रेम से भी ऊपर एक वफा की परत होती हैं,...

प्रेम से भी ऊपर एक वफा की परत होती है ...

तुझे उम्मीद है मुझसे मुझे ज़्यादा है....!!!!

तुझे उम्मीद है मुझसे मुझे ज़्यादा नहीं है ...और मेरे जाते
ही एक पल में जो तू फितरत बदलता है,

मेरे जाते ही एक पल में जो तू फितरत बदलता है ...

तो तुझमें और दुश्मन में फर्क ज्यादा नहीं है ....

और प्रेम से मेरी खातिर बनाये वो कभी खाना

प्रेम से मेरी खातिर बनाये वो कभी खाना

नमक ज्यादा कभी हो तो मैं कहू ज्यादा नहीं है ....

प्रेम से मेरी खातिर बनाये वो कभी खाना

नमक ज्यादा कभी हो तो मैं कहू ज्यादा नहीं है ....

और तेरी ज़िंदगी के लिए करना पड़े कुर्बान, इज्जत को

तेरी ज़िंदगी के लिए करना पड़े कुर्बान, इज्जत को ...

मेरी जान इश्क है तुझसे मगर ज्यादा नहीं है ..

# 40. दर्जा दिया

कि मेरे दिल पर उसका नामोनिशान ना रहा हमारा घर घर
छोड़ो, मकान न रहा
और प्यार में दर्जा दिया जीसको खुदा के बराबर,
की प्यार में दर्जा दिया जीसको खुदा के बराबर
वो शख्स खुद कह रहे है इंसान न रहा

# 41. हमारे ख़िलाफ़

इन छे लोगों से हमेशा सावधान रहना एक दोगले प्यार से, दूसरा दुश्मन के दोस्त से, तीसरा सफर में अनजान इंसान से, चौथा हमेशा तारीफ करने वाले से, पांचवा हद से ज्यादा अपनापन दिखाने वाले से और छठा बात बात पर बदल जाने वाले इंसान से हर आंसू आप मेल आया ना करो दिल की हर बात सबको बताया ना करो लोग हाथों में यहाँ नमक लिए फिरते है इसीलिए हर जख्म सबको दिखाया ना करो लोग अपनी जगह बिल्कुल ठीक होते है बस हम उन्हें कुछ ज्यादा ही अच्छा और अपना मान लेते हैं ना जाने क्या लिखा है तकदीर में जिसे भी चाहो वो दूर हो जाता है जिसके पीछे तुम भाग रहे हो दो दिन दूर रहकर देखो बात करना तो दूर तुम्हे वो याद भी नहीं करेगा अफसोस इस बात का नहीं, ज़िन्दगी का तमाशा बना अफसोस तो इस बात का है नहीं, सारे कलाकार अपने ही थे आप सिर्फ मुस्कुरा दीजिये और कह दीजिये की मैं ठीक हूँ क्योंकि सच्चाई तो यही है की यहाँ कोई किसी की परवाह नहीं करता रिश्तों में अगर एक बार भरोसा टूट जाए तो बात तो होती है मगर वो बात नहीं होती किसी ने सच ही कहा है जिसका दिल बड़ा और सच्चा होता है उससे दर्द भी उतना ही बड़ा मिलता है आजकल के जमाने में सबसे बुरा होता है दिल का अच्छा होना हम दोस्ती वहाँ करते हैं जहाँ जान से ज्यादा जुबान

की कीमत होती है कुछ लोग मोम की तरह पिघलकर रिश्ते निभाते हैं और कुछ लोग उन्हीं रिश्तों को आग लगाकर जलाते हैं लोग ये तो जानते है की वो ऐसा है वो वैसा है पर लोग ये भूल जाते हैं की वो खुद कैसे हैं, हम कितने सही है या गलत है, ये सिर्फ दो लोग जानते हैं एक हमारी आत्मा और दूसरा परमात्मा जो इंसान रोते रोते गुस्से में सब कुछ बोल देता है वो सच्चा होता है क्योंकि गुस्सा और रोना इंसान को सच बोलने के लिए मजबूर कर देता है आज की सच्चाई बस यही है आप रुपए बनाई ये लोग आपसे रिश्ते खुद बनाएंगे घमंड में मत रहिये और से फर्श तक आने में वक्त नहीं लगता हक सिर्फ वही पर जताना चाहिए जहाँ पर किसी ने आपको भक्त दिया हो स्वीकार करने की हिम्मत और सुधार करने की नीयत हो तो इंसान बहुत कुछ सीख सकता है जो लोग साथ रहकर सवार रह सके, वो हमारे खिलाफ़ होकर हमारा क्या बिगाड़ लेंगे? गलती उसकी नहीं मेरी थी, अंजाम पता था फिर भी दिल लगा बैठे जब बहुत कुछ होता है कहने को तब इंसान अक्सर खामोश रहने लगता है वक्त और अपने जब दोनों एक साथ चोट पहुंचाते हैं तो इंसान बाहर से ही नहीं अंदर से भी टूट जाता है आशा और विश्वास करना कभी गलत नहीं होते बस से हम पर निभर करता है कि हमने किस से आशा की और किस पर विश्वास किया दुख हमेशा पीछे देखता है, चिंता इधर उधर देखती है, लेकिन विश्वास हमेशा आगे ही देखता है जिंदगी में इतना कुछ बुरा हो चुका है कि आप कुछ बुरा भी हो जाए तो बुरा नहीं लगता अब डर सा लगता है उन लोगों से जो कहते है की मेरा यकीन तो करो मैं हमेशा आपके साथ हूँ

इसी की सलाह से रास्ते जरूर मिलते हैं, लेकिन मंजिल तो खुद की मेहनत से ही मीलती है आपका पास्ट आपके दिमाग में है और आपका भविष्य आपके हाथ में है, जैसे उबलते पानी में कभी परछाईं नहीं दिखती, ठीक उसी तरह परेशान मन से भी समाधान नहीं दिखते शांत होकर देखिये आपको आपकी सारी समस्याओं का हल मिलेगा हालात सीखा देते हैं बातें सुनना और सहना वरना हर शख्स अपने आप में बादशाह होता है इंसान जब बड़ा बन जाता है तो उन लोगों को ही छोटा समझने लगता है जिन्होंने मिलकर उसे बुलंदियों पर पहुंचाया है पता नहीं जिंदगी वापस मिले गी या नहीं इसीलिए दुख में, गुस्से में, नफरत में, नाराजगी में या किसी से झगड़ा करके इससे बर्बाद ना करें ज़िंदगी में आप हमेशा खुश रहिये और दूसरों को खुश रखिए सच एक सर्जरी की तरह होता है, थोड़ा दर्द देता है लेकिन राहत मीलती है झूठ एक पेन किलर की तरह है जो आपको थोड़ी देर के लिए राहत जरूर देता है लेकिन उसके साइड इफेक्ट आपको सारी जिंदगी झेलने पड़ते हैं सफर छोटा ही सही मगर यादगार होना चाहिए और रंग काला ही सही मगर वफादार होना चाहिए चुगली की धार इतनी तेज होती है जो खून के रिश्तों को भी काट कर रख देती है कभी कभी कुदरत जानबूझकर हमें मुश्किल हालातों में डालती हैं ताकि उन लोगों के चेहरों पर लगे नकाब हम देख सकें जिन पर हम आंख मूँद कर के भरोसा करते हैं रिश्ते खून के नहीं होते, विश्वास के होते हैं अगर विश्वास हो तो बराय भी अपने हो जाते हैं और अगर विश्वास ना हो तो अपने भी पराये बन जाते ही अगर बुरे वक्त में कोई पास आकर ये कह दे की चिंता

मत करो, मैं तुम्हारे साथ हूँ तो ये शब्द ही दवाई बन जाते हैं कौन क्या कर रहा है, कैसे कर रहा है, क्यों कर रहा है? इन सबसे आप जितना दूर रहोगे, उतना ही खुश रहोगे अपने खिलाफ़ बातें खामोशी से सुन लो यकीन मानो वक्त बेहतरीन जवाब देगा दो पल के गुस्से से प्यारभरा रिश्ता बिखर जाता है होश तब आता है जब वक्त निकल जाता है

पैसा एक ऐसी चीज़ है की अगर ये पास हो तो पराये भी अपने हो जाते हैं और अगर ना हो तो अपने भी पराये बन जाते हैं पैसों में बहुत गर्मी होती है ये सब से पहले आपके रिश्तों को जलाकर राख कर देते हैं जब किसी रिश्ते में जिद और अकड़ा जाए तो ये दोनों जीत जाते हैं लेकिन बस रिश्ता हार जाता है प्रेम यदि पक्का हो तो झगड़े चाहे कितने भी हो लेकिन रिश्ता कभी नहीं टूटता तजुर्बा कहता है वक्त अगर बुरा हो तो सब आज़माने लगते हैं, बड़ों को भी छोटे आंख दिखाने लगते हैं अभी जा कर देखना नए अमीरों के घर पर हर एक छोटी सी छोटी चीज़ की कीमत बताने लगते जीवन में जो लोग साथ रहकर छल करे धोखा दे, चुगली करे, बातों को गलत तरीके से किसी के सामने रखे, ऐसे लोगों को अपनी ज़िंदगी से हमेशा दूर रखना, किसी ने मुझसे पूछा आप का चरित्र इतना पवित्र क्यों है? मैंने कहा जिसने जैसा सोच लिया हम वैसे हैं, बाकी मेरा रब जानता है की हम कैसे है? अगर आपकी किसी से बहुत दिनों से बात नहीं हो रही तो उसको कॉल करके या मैसेज करके पूछ लीजिए की वो जिंदा है या मर गया है अगर वो जिंदा है तो यकीन मानिये उसके लिए आप मर गए है प्रेम का मतलब तब तक समझ नहीं

आता जब तक कोई आपकेलिए तड़प रहा हो प्रेम का मतलब तो तब समझ आता है जब आप किसी के लिए तड़प रहे हो हर व्यक्ति अपनी जगह सही होता है और वास्तविक संघर्ष सही और गलत के बीच में नहीं सही और सही के बीच में होता है औरत की मोहब्बत का पता तब चलता है जब मर्द के पास कुछ ना हो और मर्द की वफादारी का पता तब चलता है जब मर्द के पास सब कुछ हो, पहले तसल्ली कर लो की वफादार कौन है, वक्त तो बता ही देगा गद्दार कौन है? एक घुटन सी होती है जब कोई दिल में तो रहता है मगर साथ नहीं रहता हकीकत कुछ और ही होती है हर हंसने वाला इंसान खुश नहीं होता तीन बेहतरीन जवाब सफलता का क्या रहस्य है? सही निर्णय आप सही निर्णय कैसे लेते हैं? अनुभव से और आप? अनुभव कैसे प्राप्त करते हैं? गलत फैसलों से कोई सराहना करें या नंदा दोनों ही अच्छे हैं क्योंकि प्रशंसा प्रेरणा देती है और निंदा सावधान करती है अफसोस इस बात का नहीं की जिंदगी का तमाशा बना अफसोस तो इस बात का है की सारे कलाकार अपने ही थे आप सिर्फ मुस्कुरा दीजिये और कह दीजिये की मैं ठीक हूँ क्यों की सच्चाई तो यही है की यहाँ कोई किसी की परवाह नहीं करता रिश्तों में अगर एक बार भरोसा टूट जाए तो बात तो होती है मगर वो बात नहीं होती किसी ने सच ही कहा है, जिसका दिल बड़ा और सच्चा होता है उससे दर्द भी उतना ही बड़ा मिलता है आजकल के जमाने में सबसे बुरा होता है दिल का अच्छा होना हम दोस्ती वहाँ करते हैं जहाँ जान से ज्यादा जुबान की कीमत होती है कुछ लोग मोम की तरह पिघलकर रिश्ते निभाते हैं और कुछ लोग उन्हीं

रिश्तों को आग लगाकर जलाते हैं लोग ये तो जानते है की वो ऐसा है वो वैसा है पर लोग ये भूल जाते हैं की वो खुद कैसे है? इन छे लोगों से हमेशा सावधान रहना एक दोगले प्यार से, दूसरा दुश्मन के दोस्त से तीसरा सफर में अनजान इंसान से, चौथा हमेशा तारीफ करने वाले से पांचवा हद से ज्यादा अपनापन दिखाने वाले से और छठा बात बात पर बदल जाने वाले इंसान से हम कितने सही है या गलत है, ये सिर्फ दो लोग जानते हैं एक हमारी आत्मा और दूसरा परमात्मा जो इंसान रोते रोते गुस्से में सब कुछ बोल देता है वो सच्चा होता है क्योंकि गुस्सा और रोना इंसान को सच बोलने के लिए मजबूर कर देता है आज की सच्चाई बस यही है आप रुपए बनाई ये लोग आपसे रिश्ते खुद बनाएंगे घमंड में मत रहिये और से फर्श तक आने में वक्त नहीं लगता हक सिर्फ वही पर जताना चाहिए जहाँ पर किसी ने आपको भक्त दिया हो स्वीकार करने की हिम्मत और सुधार करने की नीयत हो तो इंसान बहुत कुछ सीख सकता है जो लोग साथ रहकर सवार रह सके वो हमारे खिलाफ़ होकर हमारा क्या बिगाड़ लेंगे? गलती उसकी नहीं मेरी थी अंजाम पता था फिर भी दिल लगा बैठे हर आंसू आप मेल आया ना करो दिल की हर बात सबको बताया ना करो लोग हाथों में यहाँ नमक लिए फिरते है इसीलिए हर जख्म सबको दिखाया ना करो जब बहुत कुछ होता है कहने को तब इंसान अक्सर खामोश रहने लगता है लोग अपनी जगह बिल्कुल ठीक होते है बस हम उन्हें कुछ ज्यादा ही अच्छा और अपना मान लेते हैं ना जाने क्या लिखा है तकदीर में जिसे भी चाहो वो दूर हो जाता है जिसके पीछे तुम भाग रहे हो दो दिन दूर रहकर

देखो बात करना तो दूर तुम्हे वो याद भी नहीं करेगा दुआ करो में कोई रास्ता निकाल सकू तुम्हें भी देख सकूँ और खुद को भी संभाल सकूँ तुम जिससे इंसान की जितनी ज्यादा कदर करोगे वो इंसान तुम्हें उतना ही रुलाएगा हर किसी को अपना वक्त देना वक्त की बेइज्जती होती है, वो लोग इस दर्द से गुजरे होंगे, जिनके हमदर्द अपने वादों से मुकरे होंगे संसार मतलब से चलता है सर्दियों में जीस सूरज का इंतजार होता है उसी सूरज का गर्मियों में तिरस्कार भी होता है आप की कीमत सिर्फ तब होती है जब आप की जरूरत होती है मुझे तो उन लोगों पर हँसी आती है जो बाहर से तो मेरे साथ होते हैं और अंदर से मेरे खिलाफ़ होते हैं सही वक्त पर सही बात समझने वाला और गलत वक्त पर सही बात को समझाने वाला बहुत ही मुश्किल से मिलता है तुम्हें मुझसे बेहतर तो मिलेगा और तुम्हें कभी सुकून नहीं मिलेगा शिकायत तो बहुत ही तेरे से ज़िंदगी पर चुप इसीलिए हूँ क्योंकि जो तू ने मुझे दिया है वो बहुत ओके नसीब में नहीं है जिंदगी हमेशा अपने हिसाब से जीओ अगर लोगों के हिसाब से जियोगे सोना लोगों के रहोगे और ना ही खुद के रहोगे भरोसा एक ऐसी चीज़ है जिसके टूटने पर कोई आवाज़ तो नहीं होती लेकिन उसकी गूंज जिंदगीभर सुनाई देती है धर्म चाहे जो भी हो आप अच्छे इंसान बनो, हिसाब आपके कर्मों का होगा, धर्म का नहीं मेरे दोखे ने बदल दिया है मुझे अब नसों में खून की जगह है, नफरत बहती है, जो लोग परवाह ना करने का नाटक करते हैं सबसे ज्यादा परवाह वो ही लोग करते हैं उनसे मत डर ये जो बहस करते हैं बल्कि उन से डरिये जो अपना बनकर आपके साथ छल

करते हैं शराफत का ज़माना नहीं रहा दोस्तों किसी को
अगर ज्यादा इज्ज़त दो तो वो आपको बेवकूफ समझ लेता
....

# 42. अंतिम बूँद

आप किसी को भी अपनी जिंदगी का सबसे जरूरी हिस्सा मत बनाएं, क्योंकि जब वो इंसान बदलता है तो आप उनसे नफरत नहीं करते बल्कि अपने आप से नफरत करने लगते हैं बात बात पर गुस्सा करने वाले लोग वही होते हैं जिन्हें हमेशा खुद से ज्यादा किसी और की फिक्र रहती है पता नहीं क्यों छोड़ के चले जाते हैं वो लोग जिन्हें हम जिंदगी समझकर कभी खोना नहीं चाहते कोई भी अपना नहीं होता हमें अपना बनाते हैं, दूर रहना है मुझे उन सब से जो मेरे साथ रहकर भी मेरे साथ नहीं है, जो तुम्हारा मूल्य ना समझे उसके सामने जबरदस्ती कभी अपना प्रेम मन दिखाओ मुझे किसी के बदल जाने का कोई गम नहीं, बस कोई था जिससे ये उम्मीद नहीं थी अच्छे लोगों का हमारी ज़िंदगी में आना हमारी किस्मत होती है और उन्हें सँभालकर रखना हमारा हुनर होता है पटना बीस ना और निचोड़ा जाना अंतिम बूँद तक गन्ने से बेहतर कौन जानता है कि मीठा होने का कितना नुकसान होता है बर्बाद करना था तो किसी और तरीके से करते हैं ज़िन्दगी बनकर जिंदगी ही छीन ली तुमने प्यार की कदर तुझे तब होगी जब तेरा इश्क तेरे सामने किसी और का हो जाएगा तो करें खाता हूँ और शान से चलता हूँ मैं खुले आसमान के नीचे सीना तान के चलता हूँ करता वही हूँ जो मुझे पसंद है माना की उम्र कम है लेकिन हौसले बुलंद हैं

ज़िंदगी है तो आसान कैसे होगी आसान हो गयी तो फिर जिंदगी कैसे होगी आज के युग में आमिर का अपराध गलती माना जाता है और गरीब की गलती भी अपराध मानी जाती है कोई ऐसा सैनिटाइजर भी बनाओ जिससे मन का मैल और दिल की नफरत भी दुल जाये इसी इंसान के पीछे भागकर अपनी वैल्यू कभी कम मत करो, क्योंकि जो आपका है वो आपको छोड़ कर कभी नहीं जाएगा नफरत की एक बात बहुत अच्छी है ये मोहब्बत की तरह जूती नहीं होती, इतनी अजीब बात है ना लोग कुछ पल खुश होने के लिए पूरी जिंदगी दुखी रहते हैं इस जिंदगी माँ जैसी होनी चाहिए किसी को कोई फर्क नहीं पड़ता कि दूसरों के पास कैसी है सबको बस यही लगता है कि मेरी वाली सबसे अच्छी है शरारते करो साजिशें नहीं हम शरीफ जरूर है लेकिन मैं बेवकूफ नहीं जब इंसान का दिल टूटता है ना सिर्फ दिल ही नहीं टूटता उसके साथ उसका भरोसा और लगाव भी टूट जाता है जो सिर्फ आपसे होता है, परम शत्रु से भी ज्यादा खतरनाक होता है गलत दिशा में भटकता हुआ मान रिश्तों को इस कदर आजमा चूके हैं की अब अकेले पन से मोहब्बत सी हो गयी है, जिसके पास ज्यादा ऑप्शंस होते हैं वो किसी एक की फीलिंग कभी नहीं समझ पाते किसी के लिए इतना भी क्या टूटना की खुद के लिए मुस्कुरा ही ना पांव हमेशा किस्मत ही खराब नहीं होती कई बार हम फैसले ही गलत ले लेते लोग अगर थोड़े से काबिल हो जाते हैं तो दूसरों को बेवकूफ समझने लगते है आदमी के शब्द नहीं बोलते बल्कि उसका वक्त बोलता है ना जाने किस बात पे इंसान को नाज है जो आखिरी सफर के लिए भी दूसरों का

मोहताज है नज़र भी क्या चीज़ है ये उसी को ढूंढती है जो इसे नज़रअन्दाज़ करता है आशिक पैर पकड़ते हैं मेरे मैं महब्बत भुलाने का हुनर सीखाता हूँ तालुकात बढ़ाने हैं तो कुछ आदतें बुरी रखो अब ना हो तो लोग महफिलों में नहीं बुलाते, वजह चाहे जो भी हो धोखा आखिर धोखा ही होता है रिश्तों की खूबसूरती एक दूसरे की बात समझने में है पूज्य सा इंसान तलाश करोगे तो अकेले रह जाओगे, दूरियां मायने नहीं रखती जब दिल एक दूसरे से वफादार आज के जमाने में ज्यादा अच्छा होना बिलकुल भी अच्छा नहीं है गिराने वाले अगर अपने हो तो संभालने में बहुत वक्त लगता है आज के जमाने में लोग आपकी कदर तब करते हैं जब उनको आप की जरूरत होती है, उस रहना सीखो इससे पहले की उदास रहना आपकी आदत बन जाए कोई अगर आपसे कहे कि आप बदल गए हो तो नाइंटी फाइव परसेंट चान्सेस ये है की आपने सिर्फ वो चीजें करनी बंद कर दी है जो उन्हें आपसे चाहिए फिर बाकी आप में कुछ नहीं बदला लौटते वो लोग हैं जो रूट कर चले जाते हैं टूटकर जाने वाला कभी लौटकर नहीं आता कुछ लोग हमारा दिल रोज़ दुख आते हैं लेकिन फिर भी हम उनसे बात करके खुश हो जाते हैं जो अपनों के सताये होते हैं, अपनों के ठुकराए होते हैं, वो बहुत कठोर हो जाते हैं, दिल से भी और बोली से भी उम्मीद तकलीफ तो बहुत देती है और ना जाने क्यों इस दिल को फिर भी उम्मीद रहती है बनावटी रिश्तों से कई गुना बेहतर है की आप अकेले ही रहना सीखो मोहब्बत और नफरत कहने को तो दो मामूली शर्म है लेकिन यही दो शर्म इंसान को भगवान भी बना सकते हैं और शैतान भी बना सकते हैं समय

बिताने वाले तो बहुत मिले लेकिन समय पे एक काम आने वाले बहुत कम मिलेगा तूफान का आना भी जरूरी है ज़िन्दगी में अभी तो पता चलता है की कौन हाथ पकड़ता है और कौन सा छोड़ता है मैंने हर किस्म के लोग देखे हैं अपनी ज़िन्दगी में मदद लेकर शुक्रिया बोलने वाले भी और मदद लेकर बेवकूफ बोलने वाले भी वक्त से पहले मिली चीज़े अपना मूल्य खो देती है और वक्त के बाद मिली चीज़े अपना महत्व खो देती है मुझे नाजुक डी का शौक है ना झुकाने का शौक है कुछ एहसास दिल से जुड़े हैं, बस उन्हें निभाने का शौक है दिखते तो यहाँ सभी इंसान हैं, बस फर्क इतना है कि कुछ जख्म देते हैं और कुछ जख्मों को भर दें फिर से उसी मोड़ से शुरू करनी है जिंदगी जहाँ सारा शहर अपना था और तुम अजनबी थे जब आप बोलते कम और सुनते ज्यादा हो वो आप लोगों को ज्यादा पसंद आने लग रहे हो अरे मन होना चाहिए किसी से बात करने का वक्त तो अपने आप मिल जाता है, जिंदगी में पछताना छोड़ो बल्कि कुछ ऐसा करो की आपको छोड़ने वाला बचता है समय और शब्द दोनों का उपयोग लापरवाही से मत करो ये दोनों ना दुबारा आते है, ना दोबारा मौका देते हैं ऐसे लोगों से संभलकर रहना जो आपके सामने आपके साथ हैं और आपके पीछे आपके खिलाफ़ है कभी कभी समझ नहीं आता की अच्छे इंसान के साथ किस्मत हमेशा बुरा खेल क्यों खेलती है प्यार करना एक कला है और ये प्यार कभी मत करना ये मेरी सलाह इतने अफसोस की बात है जब कहीं वफादारी का जिक्र होता है तो हम इंसान कुत्तों की मिसाल देते हैं नाहक तो किसी को इतना की आपको तकलीफ हो जाए

और ना वक्त दो इतना किसी को की उसको गुरूर हो जाए घरेलु से कड़वे लोग कई बार मुसीबत में काम आ जाते हैं और शक्कर से मीठे लोग वक्त पर अक्सर धोखा दे जाते हैं जिन्हें आपके दर्द का अहसास ही ना हो, उनसे शिकायत करना बिल्कुल बेकार है जिंदगी कितनी भी बुरी क्यों ना हो, जब तक कोई अपना साथ देता है तब तक सब अच्छा लगता है हर इंसान की दो कहानियाँ होती है एक वो जो सबको सुनाता है और दूसरा वो जो सबसे छुपाता है मौन सबसे अच्छा जवाब है उस इंसान के लिए जो आपके शब्दों का मोल नहीं समझता है जीवन में आप अपने आप को मजबूत बनाये, दूसरों के भरोसे बैठे रहना आपको बर्बाद कर देगा मेरा गुस्सा और मेरा प्यार सिर्फ उन लोगों के लिए है जिन्हें मैं अपना समझता हूँ लोग हमेशा उसे खोने से डरते हैं, जो उनका होता ही नहीं है जिंदगी में चाहे आप दस बार फैल हो जाओ या सौ बार फेल हो जाओ पर कसम खा लो या अपनी जिंदगी में आम आदमी बनकर नहीं जीना है प्रेम बहुत दुर्लभ है, उसे पकड़ कर रखो, क्रोध बहुत खराब है, उसे दबाकर रखो डर बहुत भयानक है, उसका सामना करना सीखो टेंशन, डिप्रेशन और बेचैनी इंसान को तभी होती है जब वो खुद के लिए कम और दूसरों के लिए ज्यादा सोचता है सब्र करना दुनिया के सामने रोने से कहीं बेहतर है लोग कहते हैं कि दर्द बताने से कम होता है जिसे अपना दर्द बताओ वही मज़ा लेता है सबको अच्छा समझ लेना की मेरी सबसे बुरी आदत है आपके पास बस पैसा होना चाहिए क्योंकि भावनाओं की यहाँ किसी को कोई कदर नहीं जो व्यक्ति अपने पास होने वाली चीजों से संतुष्ट नहीं है, उसे भविष्य में मिलने वाली

चीजों से भी कभी संतोष नहीं होगा दूसरों को अगर अपनी ज़िन्दगी में बनाओगे तो आप खुद उनकी जिंदगी में सस्ते हो जाओगे आप अपनी सेल्फ रिस्पेक्ट जितनी गिराओगे लोग आपको उतना ही और मजबूर करेंगे बुरा वक्त आपको कमजोर नहीं बल्कि चैंपियन बनना सीखाता है बस यही फर्क है हम दोनों वो हमे फुरसत में याद करते हैं और हमें उनकी यादों से फुर्सत नहीं मीलती वो तुम नहीं मेरी उम्मीदें थी जिसने मेरा सबसे ज्यादा दिल दुखाया था प्यार वादों से नहीं, अहसास से कायम रहता है ये खुश दिखने की जबरदस्ती में इंसान और भी ज्यादा उदास हो जाता है अब तो मज़हब कोई ऐसा भी चलाया जाए जिसमें इंसान को इंसान बनाया जाये, चाहे कोई कितना भी आपका अपना हो लेकिन सबसे पहले वो अपना फायदा ही देखता है अक्सर गुम हो जाया करते हैं पुराने रिश्ते एक नए रिश्ते में बन जाने के बाद कुछ लोग झूठ भी इतने विश्वास के साथ बोलते है की आप पहचान ही नहीं पाते की वो इंसान आपसे झूठ बोल रहा है लोगों को आपकी कदर तब होती है जब बहुत देर हो चुकी होती विश्वास जीतने में तो पूरी जिंदगी लग जाती है लेकिन उसे तोड़ने के लिए एक पल ही काफी होता है

बदलना तो तय है हर चीज़ बदलती है, किसी का दिल बदल जाता है और किसी के दिन बदल जाते हैं लोग इत्तेफ़ाक से सिर्फ मिलते हैं लेकिन बिछड़ते सब अपनी मर्जी से है भूलना सीख लीजिए जनाब इसी में आपका फायदा है क्योंकि ये दुनिया भी आपके साथ यही करने वाली है एक वक्त के बाद या तो दर्द खत्म हो जाता है या इंसान ही खत्म हो जाता है चरण उनके छूने चाहिए

जिनके आचरण पवित्र हो, किसी की आदत होना मोहब्बत होने से भी ज्यादा खतरनाक होता है जो चीज़ आसानी से मिल जाती है ना इंसान उसकी कभी कदर नहीं करता मतलब के रिश्ते जीतने जल्दी बनते हैं, उतने ही जल्दी टूट भी जाते है हम अंडं और अहंकार की वजह से इंसान खुद ही अपने रिश्तों को बिगाड़ लेता है इंसान का भी भीड़ में नहीं खोता इंसान को था तब है जब वो अकेला होता है, कमजोर होते हैं, कुछ इंसान जहाँ गुस्सा आना चाहिए वहाँ पर रो देते हैं कभी कभी बहुत कुछ होता है बोलने को लेकिन मन की बात मन में ही रह जाती मैंने कभी किसी को आजमाया ही न जितना प्यार दिया उतना प्यार कभी पाया ही नहीं किसी को मेरी भी कमी कमी महसूस हो, शायद खुदा ने ऐसा मुझे बनाया ही नहीं आप चाहे कितना भी निभा लो रिश्ते लेकिन बदलने वाला इंसान फिर भी बदल जाता है घुलने वाले तो सारे बच गए, मर तो हो गए जो अपनी मोहब्बत को भुलाना सके सच्चे दिल से टूटकर चाहने वाले आखिर में अक्सर खुद ही टूट जाते हैं कपड़ों की मैचिंग बिठाने से सिर्फ शरीर सुंदर दिखेगा रिश्तों और हालातों से मैचिंग बिठा लीजिये, आपकी पूरी जिंदगी सुंदर हो जाएगी झूठी उम्मीद देने से बेहतर है ये सच बोलकर आप मना कर दो, ज़िन्दगी में गलतफहमी रखना गलती करने से ज्यादा खतरनाक होता है अगर आप खुश रहना चाहते हो तो अपनी ज़िन्दगी के फैसले अपनी परिस्थितियों को देखकर ले दुनिया को देखकर अगर फैसले करोगे वो हमेशा दुखी रहोगे ज़िन्दगी होती तो अपनी ही है और ऐसे जीना दूसरों के लिए पड़ता है लंबा धागा और लंबी जुबान केवल समस्या ही पैदा करते हैं इसलिए धागे को लपेटकर

और जुबान को समेटकर रखना चाहिए आप क्या है ये ज़रूरी नहीं है लेकिन आप में क्या है ये बहुत जरूरी है बीता हुआ कल आपके दिमाग में है और आने वाला कल आपके हाथ में है कौन सा जीवन है इंसान का लेकिन अहंकार सागर से भी बड़ा है यहाँ हर एक शख्स मुसाफिर है एक दिन या दो से भी चला जाता है बीता हुआ कभी वापस नहीं आता पर बीते हुए कल में लोगों का बर्ताव हर वक्त याद आता है लोगों से ज्यादा उम्मीद मत रखो, वरना हमेशा उदास रहोगे और लोगों को ज़रा भी फर्क नहीं पड़ेगा ये रिश्ते भी अजीब होते हैं, बिना विश्वास के शुरू नहीं होते और बिना धोखे के खत्म नहीं होते मुसीबत के समय मदद का दिखावा करने वाले लोग अक्सर आप की तबाही को देखकर बहुत खुश होते हैं भरोसा तो अपनी साँसों का भी नहीं है और हम इंसानों पर कर लेते हैं अब मुझे तकलीफ नहीं होती, चाहे कितनी ही ऊंचाइयों से मुझे गिराया जाये, क्योंकि मुझे उन हाथों ने धक्का दिया है जिन पर मुझे खुद से ज्यादा यकीन था जो आपकी भावनाओं को समझकर भी आपको तकलीफ देता हो, वो आपका कभी नहीं हो सकता

आपका विश्वास चट्टान भी हिला सकता है और आप का शक आपके रिश्तों में चट्टान खड़ी कर सकता है आपका भी ये मत सोचो की आप अकेले हो बल्कि ये सोचो की आप अकेले ही काफी हो जाए या ना करो अपने अल्फ़ाज़ हर किसी के लिए बस खामोश रहकर देखो की आप को समझता कौन है एक वक्त ऐसा भी आता है जब इंसान दर्द सहना भी सीख जाता है रूट ने का हक तो अपने ही देते हैं के सामने तो मुस्कुराना ही पड़ता है, किसी को

चाहना गलत नहीं होता लेकिन किसी को चाहकर छोड़ देना बहुत गलत होता है मैं जब दो बातों समंदर को भी हैरत हुई की अजीब शख्स है, किसी को पुकारता ही नहीं जो इंसान हमेशा खामोश रहता है वो अपनी खामोशी में भी सब कुछ कहा जाता है सच्चा प्यार अक्सर गलत लोगों से ही होता है केवल ज़िंदगी एक गांठ खुल जाये तो उलझे हुए सारे रिश्ते सुलझ जाए सब्र की एक बात बहुत अच्छी होती है जब वो आ जाता है तो फिर किसी चीज़ की इच्छा नहीं रहती अच्छे लोग खुशियाँ ले जाते हैं और बुरे लोग सबक दे जाते हैं ये ऐसा युग चल रहा है जहाँ धर्म के नाम पर लड़ने को सब तैयार है, लेकिन धर्म के रास्ते पर चलने को हुई भी तैयार नहीं है इस कलयुग में लोग भी कमाल करते है भाई भाई बोलकर और फिर इस्तेमाल करते मेरा आपसे वादा है आप मेरी जिंदगी का हर एक पल, हर एक क्षण हिंदुस्तान के विद्यार्थियों को समर्पित रहेगा तो आज इस मुद्दे की चर्चा हम लोग करने वाले हैं

# 43. खामोशियों की गूंज

ज़िन्दगी में दो लोग बहुत तकलीफ देते हैं एक वो जिससे प्रेम ना हो और उसके साथ रहना पड़े और दूसरा वो जिससे हद से ज्यादा प्रेम हो और उसके बिना रहना पड़े सबसे ज्यादा गरीब तो वह है जनाब जिसकी खुशियाँ ही दूसरों की मर्जी पर निर्भर करती है इसी के लिए इतना भी मत गिरो कि जीस शख्स के लिए तुम गिरते हो, वो तुम्हें उठाने से ही मुकर जाए कुछ लोग बाहर से बहुत खूबसूरत होते हैं मगर दिल से उतने ही जहरीले होते हैं गरीब रहोगे कोई ध्यान नहीं देगा मेहनत करोगे तो सब हसेंगे लेकिन जब कामयाब हो जाओगे वो सब जलेंगे अकेले रहने पर आप इतना दुखी नहीं होंगे जितना आप किसी गलत इंसान के साथ रहने पर हो सकते हो, गलत हो कर खुद को सही साबित करना उतना मुश्किल नहीं होता जितना कि सही होकर खुद को सही साबित करना होता है दुख और कष्ट तो अवश्य ही भूल जाओगे लेकिन अपने साथ किया हुआ छल कभी नहीं भूल पाओगे किसी की आदत होना प्यार होने से भी ज्यादा खतरनाक होता है जैसे जैसे दिन गुजरते जा रहे हैं वैसे वैसे कुछ लोग मेरे दिल से उतरते जा रहे बहुत जरूरी है जिंदगी में थोड़ा खालीपन भी क्योंकि यही वो समय है जहाँ हमारी मुलाकात खुद से होती है मुझसे जुड़ा हर वादा, हर कसम तोड़ दी तुमने हम वफ़ा आज भी करते हैं और मोहब्बत छोड़ दी हम यदि

किसी के पास रहना हो तो उससे थोड़ा दूर रहना थका हुआ हूँ थोड़ा ज़िंदगी भी थोड़ी नाराज है पर कोई बात नहीं ये तो हर रोज़ की बात है ऐसे लोग भी मेरे आस पास हैं जिनके दिलों में जहर और जुबां में मिठास है जो थोड़ा सा भी किसी और का हो वो मुझे ज़रा सा भी नहीं चाहिए चुप रहो, लेकिन सब कुछ नोटिस करते रहो कुछ लोग इतने भोले बनकर बात करते हैं जैसे हमें उनकी काली करतूतों का पता ही नहीं बेशक सबकी इज्जत करो पर खुद को कभी जलील मत होने देना सब्र कर बंदे ये मुसीबत के दिन भी गुजर जाएंगे अस्सी उड़ाने वालों के चेहरे भी उतर जाएंगे, ऐसा लगता है हमें तो सारे फरिश्ते ही मिले हैं अपनी ज़िन्दगी में कोई गलती करता ही नहीं हमेशा हमारी ही गलती होती है ज़िन्दगी में एक बात अच्छे से सीखी है जिसे जान से ज़्यादा चाहो वो इंसान हमेशा बदल जाता है खामोशियों की गूंज बड़ी गहरी होती है पत्थर तो क्या दिल भी चीर देती है गलतियाँ कीजिये, वो तो सब से होती है पर कभी किसी के साथ गलत मत कीजिये इतना भी चुप मत रहना की आपको हर बात के लिए चुप करा दिया जाए अजीब है मेरा अकेलापन नाखुश हूँ ना उदास हूँ बस खाली हूँ और खामोश इसी के चोट जाने पर चिंता मत करना गलत लोगों को जाना पड़ता है ताकि आपकी जिंदगी में सही लोग आ सकें कल शीशा था सब देख देख कर जाते आज टूट गया तो सब बच बच कर जाते हैं ये वक्त है साहब इन सब के आते है मुझे रिश्तों की लंबी कतार से कोई मतलब नहीं कोई दिल से मेरा हो तो एक शख्स ही काफी है इसी की जिंदगी में अगर आपको बार बार जलील किया जाता है तो उसकी जिंदगी से आप ऐसे

निकल जाओ जिससे कभी थे ही नहीं जब कोई रिश्ता आपको बोझ लगने लगे तो उसे तोड़ देने में ही समझदारी होती है एक दर्द ही था जिसने तन्हाई में भी मेरा साथ नहीं छोड़ा जो आप से रिश्ता कम और गुरूर ज्यादा रखले ऐसे लोगों को दिल से दूर ही रखना आए मालिक रोटी चाहे कम ही देना, लेकिन उन लोगों से बचा के रखना जो अपना बोलकर पीठ पीछे वार करते है अगर सुखी जीवन जीना चाहते हो तो दूसरों का कहा बिल पर लगाना छोड़ दो, पागल नहीं थे हम जो तेरी हर बात मानते थे बस तेरी खुशी से अच्छा और कुछ लगता ही नहीं था जिससे मिलने के बाद जीने की उम्मीद बढ़ जाए बस वही प्रेम है, धोखेबाज दोस्त और साये में कोई फर्क नहीं होता दोनों रौशनी में आपके साथ होते हैं और अंधेरे में गायब हो जाते हैं अपमान का बदला लड़ाई करके नहीं बल्कि सामने वाले व्यक्ति से ज्यादा सफल होकर लिया जाता है वक्त रहते इंसानों की कदर कीजिये क्योंकि वक्त दोबारा वापस आ जाएगा, लेकिन इंसान दोबारा वापस कभी नहीं आएगा हर वक्त ऑनलाइन रहने वाले लोग असल जिंदगी में बहुत अकेले होते हैं कभी कभी समय के परिवर्तन से मित्र भी शत्रु बन जाते हैं और शत्रु भी मित्र बन जाते हैं, क्योंकि स्वार्थ बहुत बलवान होता है चलते रहेंगे काफिले मेरे बगैर भी एक तारा टूट जाने से आसमान सोना नहीं होता अगर परछाई कद से और बातें औकात से बड़ी होने लगे तो समझ लेना सूरज डूबने वाला है जिंदगी में कोई शॉर्टकट नहीं होता सफलता तब मीलती है जब हम हर रोज़ जीवन में थोड़ा थोड़ा करके आगे बढ़ते रहते हैं जिंदगी में अगर आगे बढ़ना है तो कभी दूसरों पर निर्भर मत

रहना मंजिल उन्हीं को मीलती है जो अपने पैरों पर खड़े रहते हैं एक बार टूटना भी जरूरी है जिंदगी में नए तरीके से फिर से निकलने के लिए अगर आंखें बंद होने से पहले आंखें खुल जाए तो पूरी जिंदगी ही सुधर जाए इतनी देर भी मत कर देना की सपने केवल सपने ही रह जाए और पूरी उम्र ही निकल जाए दिल की दास्तां सुनाऊ और मजाक बन जाऊ इससे तो अच्छा है मुस्कुरा उ और खामोश रह जाऊ, घर बदल जाए या समय बदल जाए, कोई गम नहीं, लेकिन सबसे ज्यादा दुख तब होता है जब कोई अपना बदल जाता है आपको पता है हमें कौन लोग धोखा देते हैं, जिन्हें हम अपनी जिंदगी में सबसे ज्यादा अहमियत देते हैं वक्त के साथ हर कोई बदल जाता है गलती उसकी नहीं, जो बदल जाता है बल्कि गलती उसकी है, जो पहले जैसा रह जाता है दूसरों पर निर्भर रहने वाले लोग कभी खुश नहीं रह पाते हैं इसीलिए इस लायक बनिए की अपनी जरूरतों और इच्छाओं को आप खुद पूरा कर सको किसी को अपना इतना भी वक्त मत दो की वो वक्त आने पर आपकी अहमियत ही भूल जाये, जो तुम्हें समझता हो और वक्त आने पर समझता भी हो, उससे बेहतर हमसफर और कोई नहीं हो सकता है जो इंसान नियम बनाकर आज का काम आज करेगा, देखना वो इंसान एक दिन पूरी दुनिया पर राज़ करेगा आज कल लोग दिल से दी हुई इज्जत से खुश नहीं होते बल्कि दिखावे की चापलूसी करने वाले लोगों से गर्व महसूस करते हैं अक्सर लोग महान बनने के चक्कर में इंसान बनना ही भूल जाते हैं जिंदगी तबाह करने वाले शब्द कल से करूँगा पैसों की कीमत तभी पता चलती है जब उसे खुद कमाना

पड़ता है झूठ कहते हैं वो लोग की हम सब मिट्टी के बने हैं मैं ऐसे कई अपनों से वाकिफ हूँ जो पत्थर के बने हैं है इंसान के चेहरे पर कभी मत जाना जनाब चेहरे से बड़ा नकाब और कोई नहीं हो सकता सलाह सबकी सुनो पर करो वो जिसके लिए आपका साहस और आपका विवेक समर्थन करे किस्मत पे ही नहीं बल्कि कड़ी मेहनत पर भरोसा करो देखना एक दिन जरूर सफल हो जाओगे संभव और असंभव के बीच की दूरी व्यक्ति की सोच और कर्म पर निर्भर करती है जिसकी फितरत हमेशा बदलने की हो वो कभी किसी का नहीं हो सकता, चाहे वह समय हो या इंसान हो अकेले बैठकर रोना भी मौत से कम नहीं, जहाँ पर सवाल भी अपने होते हैं और जवाब भी अपने ही होते हैं दर्द की भी एक अपनी ही अदा है वो भी सहने वालों पर ही फिदा हैं चाहे कितना भी हंस लो खेलों दुनिया के मेले में लेकिन जो दिल में बसा हो वही याद आता है अकेले में उससे थोड़ी वफा कीजिये, जो आपको दर्द दे उसे दफा कीजिये सच को सच और झूठ को झूठ बोलने का दम रखता हूँ तभी तो दुश्मन ज्यादा और दोस्त कम रखता हूँ, इंसान नहीं बोलता, उसके दिन बोलते है जब दिन नहीं बोलते तो इंसान लाख बोले लेकिन उसकी कोई नहीं सुनता अक्सर जख्म वही लोग देकर जाते हैं जो शुरुआत में बड़े प्यार से पेश आते हैं अब मत खोलना मेरी ज़िंदगी की पुरानी किताबों को हम जो थे वो रहे नहीं और जो है वो किसी को पता नहीं जल्दबाजी में किया गया विश्वास और मेहनत के बिना लगाई गई आस इन दोनों का परिणाम धोखा ही होता है अगर जिंदगी में कभी ऐसा हो की कोई तुम्हारे नाम की गलत अफवाह उड़ा दे तो उस अफवाह की

परवाह मत करो, क्योंकि अफवाहों के धुएँ वहीं से उड़ते हैं जहाँ तुम्हारे नाम की आग लगी हो जीतने के बाद तो सारी दुनिया गले लगाती है लेकिन जो हारने के बाद भी गले लगा ये सिर्फ वही अपना होता है, सहारे इंसान को खोखला कर देते हैं और उम्मीदें कमजोर कर देती है अपनी ताकत के बल पर जीना शुरू कीजिये, आपको आपसे अच्छा साथी और हमदर्द और कोई नहीं मिल सकता दिल के साफ और सच बोलने वाले इंसान अक्सर अकेले मिलते हैं और यही हकीकत है जिंदगी की लोगों को इम्प्रेस करने की कोशीश मत कीजिये आप खुद को इम्प्रूव कीजिये, लोग अपने आप इम्प्रेस हो जाएंगे आप थोड़ा वक्त अकेले रहना सीखो तो आप को सच और झूठ सही और गलत, अपने और बढ़ायें हर बात की पहचान हो जाएगी अगर जिंदगी का हर दांव जीतना चाहते हो तो बल से ज्यादा बुद्धि का उपयोग करना सीखो क्योंकि बल लड़ना सीखाता है और बुद्धि जीतना सिखाती हैं किस्मत के खेल भी हज़ार है जो मिल नहीं सकता उसी से प्यार है एक को कोई फर्क नहीं पड़ता और दूसरा जान देने को भी तैयार हैं ज़िंदगी में मोहब्बत भले ही खो जाये लेकिन मोहब्बत के लिए कभी ज़िन्दगी मत खोना पहले उलझते थे हर बात पर अब खामोशी से हार मान लेते हैं क्योंकि कुछ हादसों ने हमें समझदार बना दिया है हर किसी को अपना समझना छोड़ दे आए दिल लोग वो नहीं होते जो दिखाई देते हैं कभी पीठ पीछे आपकी बात चले तो घबराना मत क्योंकि बात उन्हीं की होती हैं जिनमें कोई बात होती है अहंकार के अंधे इंसान को ना तो अपनी गलतियाँ दिखाई देती है और ना ही दूसरे इंसानों में कुछ

अच्छा ही दिखाई देती है आजतक बहुत भरोसे टूटी, लेकिन भरोसे की आदत अब तक नहीं छोटी अगर कोई आपकी उम्मीद से जीता है तो आप भी उसके यकीन पर खरा उतरिए, क्योंकि इंसान उसी से उम्मीद रखता है जिसकों वो अपने सबसे ज्यादा करीब मांगता है लोगों से रिश्ते निभा कर बस एक ही बात सीखी है अगर किसी की हद से ज्यादा फिक्र करोगे तो वो इंसान आपको रद्दी के भाव समझने लग जाएगा जो लोग दूसरों को हर समय नीचा दिखाते रहते हैं उनको ये एहसास नहीं है की वो ऐसा करके खुद कितना नीचे गिर रहे हैं जो तुम्हारे अंदर घिन पैदा कर दे, उसे त्याग दो फिर चाहे वो विचार हो, गर्म हो या कोई इंसान हो, दुर्बलता जानने से पहले शत्रु पर प्रहार करना मूर्खता है, जो की अगर शत्रु तुम से अधिक शक्तिशाली हुआ तो वो तुम्हें अवश्य ही नष्ट कर देगा जब आपको हर तरफ से आपसे जलने वाले लोग नजर आए तो मान लीजिये गा कि आप जीवन में सफल इंसान है ज़िंदगी को खुश होकर जिया करो क्योंकि रोज़ शाम सिर्फ सूरज ही नहीं डालता बल्कि आपकी अनमोल ज़िंदगी भी डालती है तो मुसीबत में अकेला है तो हैरत कैसी क्योंकि हर कोई डूबती कश्ती से उतर ही जाता है खामोशी का मतलब लिहाज़ भी होता है पर कुछ लोग इसे कमजोरी समझ लेते है मुझे घमंड नहीं है किसी भी बात का क्योंकि मैं जानता हूँ एक रात जिंदगी में ऐसी भी होगी जिसके बाद कोई सवेरा नहीं होगा दुख को भोगने से ही इंसान को सुख के मूल्य का ज्ञान होता है प्यार में दूरियां कितनी भी हो, अगर प्यार सच्चा है वो संसार की कोई भी दूरी उसे मिटा नहीं सकती दिल जब एक हैं तो दिल में भी एक ही

रखो, इश्क, मोहब्बत, नफरत जो भी हो, हक से दीजिये वरना रहने दीजिये एहसान मत कर मुझ पर चंद मुलाकाते देकर पर इश्क है मुझसे तो हर लम्हा मेरे नाम कर जो व्यक्ति हर पल दुख का रोना रोता है, उसके द्वार पर खड़ा सुख भी बाहर से ही लौट जाता है खुद में झांकने के लिए जिगर चाहिए मेरे दोस्त वरना दूसरों में बुराइ बताने में तो हर शख्स माहिर होता है, छोड़ दिया है हमने ये सब वक्त करेगा हमारी गणित और नसीब दोनों ही कच्चे हैं लोगों की बातों को सीरियस मत लिया करो क्योंकि वक्त बदलते ही उनके बोल भी बदल जाएंगे समझौता करना कायरता है और सत्य कभी समझौता नहीं करता सोचते है हम भी सीख ले, बेरुखी करना, सबसे सब की कदर करते करते हमने अपनी ही कदर खो दी है तनहा रहना नज़रअन्दाज़ होने से कई गुना बेहतर हैं जिनकी वफ़ा पर नाश्ता हमने उनके हमराज बदलते देखे हैं और हालात बदलते ही लोगों के अंदाज बदलते देखे हैं आज के युग में सच्चा प्यार हार रहा है और खुश वही है जो दस जगह मुँह मार रहा है मुझसे दिखावे की मोहब्बत जताने का कोई फायदा नहीं मेरा दिल तो वही बिकेगा जहाँ मेरे जज्बातों की कदर होगी मैं कल क्या था ये कुछ लोग जानते हैं पर मैं कल क्या बनूँगा ये पूरी दुनिया जानेगी दर्द के सवा मिला ही क्या है मुझे अपनों से भी और सपनों से भी इतने काबिल बनो की कोई आपसे ये ना बोल सके की मेरे बिना तेरा क्या होगा मेरी ये शायरियां गवाह है कि दिल लगाने वाले तबाह हैं मुश्किलें हमें तब दिखाई देती है जब हमारा ध्यान अपने लक्ष्य पर नहीं होता कुछ रिश्ते ऐसे होते हैं जिनके साथ रहना भी

मुश्किल होता है और उनके बगैर रहना भी बहुत मुश्किल होता है हर नई शुरुआत इंसान को थोड़ा डराती है और याद रखना सफलता मुश्किलों के बाद ही नज़र आती है कोशीश इतनी है कि कोई रूठे ना हमसे वरना नज़रअन्दाज़ करने वालों से हम नजर भी नहीं मिलाते इंसान कोशीश यही करें कि वो दूसरों की गलतियों से सीख लें क्योंकि किसी के पास भी इतना जीवन नहीं है की वो गलतियाँ कर कर के सीख ले जब कोई आप को अनदेखा करने लग जाएं तो एक बात कहू आप खामोशी से उसकी जिंदगी से ही दूर चले जाना बहुत खुशकिस्मत होते हैं वो लोग जिन्हें समय और समझ एक साथ मिलते हैं क्योंकि अक्सर समय पर समझ नहीं आती और जब समझ आती है तो समय हाथ से निकल जाता है मुझे उन लोगों से दिक्कत नहीं जो मुझे पसंद नहीं करते मुझे दिक्कत उन लोगों से है जो मुझे पसंद करने का दिखावा करते हैं यहाँ हर किसी को दरारों में झांकने की आदत है अगर दरवाजा खोल दो गलती पीठ की तरह होती है औरों की तो दिखती है और अपनी नहीं दिखती, जिसकी जैसी नीयत वैसी कहानी रखता है कोई परिंदों के लिए बंदूक तो कोई पानी रखता है दुनिया में रहने की दो सबसे अच्छी जगह है या तो किसी के दिल में रहो या किसी की दुआओं में रहो जब भी कोई मेरे पीठ पीछे बात करता है तो मुझे खुशी होती है कम से कम उनकी मेरे मुँह पर बोलने की औकात नहीं है ...

# 44. सुकून की दूरियां

आप चाहे सबका भला करते रहो पर लोग कभी आपके सगे नहीं हो सकते बहुत तकलीफ देता है वो दर्द जो बिना किसी कुसूर के मिला हो एक बात तो सच है की एक हँसते हुए चेहरे के पीछे बहुत सारे दर्द छुपे होते है दुनिया बहुत अजीब है यहाँ लोग उम्रभर के वादे करके पल भर में साथ छोड़ देते हैं सुकून से मैं इसीलिए भी हूँ क्योंकि मैंने सिर्फ धोखा खाया है, किसी को धोखा कभी दिया नहीं है जिसे इंसान को सच बोलने की आदत होती है, लोग सबसे ज्यादा गलत उसी को ही समझते हैं कुछ तो बात होगी ना तो उसमें जो कभी नहीं रोया उसे भी रुलाया है तुमने परिवार सिर्फ साथ रहने से नहीं बल्कि प्यार, इज्जत और परवाह करने से बनता है जहाँ दूसरों को समझाना मुश्किल हो जाए वह खुद को समझा लेना ही बेहतर होता है उस व्यक्ति को कभी मत भूलना जो आपके बुरे वक्त में आपके साथ खड़ा था किस्मत और हालात जब दोनों साथ नहीं देते तो उनकी भी सुन्नी पड़ती है, जिनकी हमारे आगे कोई औकात नहीं होती अभी किसी की नफरत इतनी तकलीफ नहीं देती जितनी मोहब्बत तकलीफ देती है वो इंसान कभी हार नहीं सकता जो बर्दाश्त करना जानता है मैंने हर चीज़ का हिसाब रखा हुआ है बस सही वक्त आने का इंतजार है जहाँ प्यार होता है वहाँ नाराजगी होती है, नफरत नहीं वो व्यक्ति सबसे खतरनाक हो जाता है जो

किसी भी परिस्थिति में शांत रहना सीख जाता है कई बार कुछ झूठ इतने बड़े होते हैं की वो हकीकत को छोटा कर देते कभी किसी का दिल दुखाने वाली बात मत कहना क्योंकि वक्त बीत जाता है और बातें याद रहती है कभी किसी को औकात के ताने मत देना, क्योंकि वक्त बदलते देर नहीं लगती, कुछ लोग ऐसे भी कमाए हैं मैंने जब मेरे पास कुछ भी नहीं था, वो तब भी मेरे साथ थे ये ख्वाब है मेरा की, तुम हकीकत बनो मेरी सारा खेल समय का है जिसने इसकी इज्जत कर ली समय उसी का होगा जो अपनाना हुआ उस पर कभी हक नहीं जताना और जो आपका दर्द ना समझ सकें उससे कभी अपना दुख मत बताना जिंदगी में सबसे ज्यादा खुश वही लोग रहते हैं जो अकेले रहने की कला को सीख जाते है किसी को कोई फर्क नहीं पड़ता कि आप किन हालातों में जी रहे हैं आपको खुद ही आपके हालात बदलने होंगे आप अपने आप से इतना मजबूत होने का वादा करो कि दुनिया की कोई भी चीज़ आपके मन की शांति न भंग कर सके जब किसी की जिंदगी में आपकी जगह पर कोई और आ जाए तो आपका पीछे हटना ही बेहतर होता है अक्सर इंसान को वोही रिश्ते थका देते हैं जो उसका इकलौता सुकून होते हैं उस इंसान के रोगों की कोई दवा नहीं है जो दूसरों की तरक्की देख कर जलता है अब तुम क्या मनाओगे मुझे मैंने तो अब रूस ना ही छोड़ दिया दोस्ती भी जरूरी है, रिश्ते भी जरूरी है और जिंदगी की मुश्किलें और बुरा वक्त हमें ये सीखाता है की अकेले रहने की कला का आना सबसे ज्यादा जरूरी है मेरी शहद जैसी जिंदगी को करेला कर दिया मैंने जिसे भी दिल से चाहा उसी ने मुझे अकेला

कर दिया बहुत मजबूत हो जाते हैं वो लोग जिनके पास खोने को कुछ नहीं बचता एक बात याद रखना जो सबका हो जाए वो कभी किसी एक का नहीं हो सकता कुछ रिश्ते टूट जरूर जाते हैं मगर खत्म कभी नहीं होते मछलियां भी खुश हो गई यह जानकर कि आदमी भी आदमी को जाल में फंसाने लगा है किसी को हराने का शौक नहीं है हमें बस खुद को बेहिसाब आगे ले जाने की जिद है हमें तुम जिसदिन अपनी जिंदगी में मेरी कमी पाओगे उस दिन खुद को माफ़ नहीं कर पाओगे नहीं होती भीड़ जनाजों में साहब, हर शख्स अच्छा लगता है बस चले जाने के बाद कुछ गलतियों को माफ़ करना आपकी सबसे बड़ी गलती होती है अच्छे इंसानों में ना एक बुराइ होती है की वो सबको अच्छा समझ लेते हैं पैसा वही है जो पास में है, ताकत वही है जो हाथ में है और अपना वही है जो आपके साथ में आत्मसम्मान पर लगी तेज इंसान को बदलकर रख देती है आप जैसे जितनी शिद्दत से चाहो गे वो ही इंसान आपको उतनी ही गहरी चोट देगा गहरी बातें समझने के लिए गहरा होना जरूरी है और गहरा वही हो सकता है जिसने गहरी चोटें खायीं हो बहुत दर्द होता है उस वक्त जब हम किसी पर अंधे की तरह भरोसा करें और वो हमें महसूस करा दे की हम वाकई में अंधे थे सोच अगर खूबसूरत हो तो सब कुछ अच्छा नजर आता है जो गुजर चुका है, उसे पीछे मुड़कर कभी मत देखना, वरना जो आगे मिलने वाला है आप उससे भी खो दोगे शरीर सुंदर हो या ना हो पर शब्दों को जरूर सुंदर होना चाहिए क्योंकि लोग चेहरे भूल जाते हैं पर शब्दों को कभी नहीं भूलते कठिनाई आने से इंसान अकेला हो जाता है पर

कठिनाई आने पर ही इंसान मजबूत होना सीख जाता है कोई नाराज हैं तो रहने दो किसी के पैरों में गिरकर जीना हमें भी नहीं आता झूठी कसम उसे इंसान नहीं मरता अगर भरोसा जरूर मर जाता है पैसों से अमीर होना आम बात है, लेकिन दिल से अमीर होना खास बात है वक्त निकालकर मिल लिया करो अपनों से कल अगर आपने ही नहीं रहेंगे तो वक्त का आप क्या करोगे ना होने का अहसास सबको होता है, मगर मौजूदगी की कदर किसी को नहीं होती मुझे लोगों को माफ़ करना तो आता है मगर दोबारा दिल में जगह देना नहीं आता दिल का साफ होना भी गुनाह है आज के जमाने में यहाँ हर इंसान बस फायदा उठाने की सोचता है छोटी ही सही मगर आप अपनी एक अलग पहचान जरूर बनाना इंसान की फितरत भी अजीब है ना मिले तो सब्र नहीं करता और मिल जाए तो कदर नहीं करता आप अपना वजूद ऐसा बनाओ की कोई आपको छोड़ तो सके, लेकिन कभी भुला न सके मैं उसी का जिम्मेदार हूँ जो मैंने कहा है उसका नहीं, जो तुमने समझा है हम सीख ही ना पाए मीठे झूठ का हुनर बड़वे सच ने हमसे कई रिश्ते छीन लिए जो रास्ता ईश्वर ने आपके लिए खोला है उसे कोई भी बंद नहीं कर सकता नींद तो बचपन में आती थी, अब तो बस सो जाया करते है आप जिससे भी ये कह दोगे की वो आपके लिए सबसे ज्यादा जरूरी है वहीं इंसान आप से अपना हाथ छुड़ाने लगता है मैंने कभी किसी को अपने दिल से दूर नहीं किया बस जिसका दिल भर गया वो खुद ही मुझसे दूर हो गया मैंने सबको अपना बना कर देख लिया, लेकिन कोई भी हमेशा के लिए अपना नहीं होता जब सपने टूटे हो और अपने

छोटे हो तो नींद की गोलियां भी बेअसर हो जाती है धोखा खाने वालों को तो वक्त के साथ सुकून मिल जाता है, मगर धोखा देने वालों को अभी सुकून नहीं मिलता खामोशी से मोहब्बत करनेवाले उम्रभर वफा निभाते हैं दुश्मन तभी कामयाब होते हैं, जब उनके पीछे अपनों के हाथ होते हैं मुझे लोगों को माफ़ करना तो आता है, मगर दोबारा दिल में जगह देना नहीं आता हम अधूरे लोग हैं हमारी ना नींद पूरी हुई ना ख्वाब पूरे हुए आप नीचे गिर के देखो कोई उठाने नहीं आएगा आप ज़रा उड़कर तो देखो आपके अपने ही नीचे गिराने आ जाएंगे रिश्तों का संबंध सिर्फ रक्त से ही नहीं होता जो मुसीबत में हाथ थाम ले उससे बड़ा कोई रिश्ता नहीं होता वो मन बना चूके थे दूर जाने का, हमें लगा हमे मनाना नहीं आता, इंसान भी कमाल है ड्रामे में लोगों का दुख दर्द देखकर रो पड़ता है और असल में लोगों के दुख दर्द को ड्रामा समझ लेता है पवित्रदास सिर्फ नफरत में है, बिहार में तो लोग कपड़े भी उतार देते हैं कैसे कर लेते हैं लोग इश्क दो चार के साथ मुझे तो उसके बाद किसी का खयाल तक नहीं आया संबंधों को सिर्फ समय की ही नहीं, समझ की भी जरूरत होती हैं मोहब्बत में हम सिर्फ उस शख्स से हारे है जो कहता था कि हम सिर्फ तुम्हारे है मजाक का सहारा लेकर लोग दिल की बात भूल जाते हैं अगर चुप कराने वाला कोई ना हो तो हालात मुस्कुराना सीखा देते है आपकी कामयाबी के पीछे सबसे बड़ा हाथ किसी और का नहीं, आपके बुरे वक्त का होता है जबरदस्ती की नजदीकियों से सुकून की दूरियां ही अच्छी है कटी हुई टहनियां कहा छाव देती है हद से ज्यादा उम्मीदें हमेशा घाव देती है पहचान

बनानी है तो भीड़ से हटकर कुछ करना होगा जा जाती है
चुप्पी अगर गुनाह अपना हो बात अगर दूसरे की हो तो
बहुत शोर होता है बात बात पर गुस्सा करने वाले लोग
वही होते हैं जिन्हें हमेशा उससे ज्यादा दूसरों की फिक्र
रहती है गुस्सा और मतभेद बारिश की तरह होना चाहिए
जो बरसकर खत्म हो जाए प्रेम हवा की तरह होना चाहिए
जो खामोश हो लेकिन हमेशा आस पास ही रहे इस दुनिया
में कोई भी अपना नहीं है इतना बड़ा सच है, इससे लड़ना
मत इसे स्वीकार कर लेना बस यही सोचकर ज्यादा नहीं
किया मैंने हर कोई अपनी जगह सही होता है कोई हुई
चीज़ को याद मत करो और जो मिला है उसे बर्बाद मत
करो इग्नोर करने में और बीज़ी रहने में बहुत फर्क होता है
जब तक अपनों से ठोकर ना मिले, इंसान को होश ही नहीं
आता हमें बुरी तरह से आजमाया गया है अब हम किसी
को भी दूसरा मौका नहीं देंगे अब मैंने कहना ही छोड़ दिया
की तुम मुझसे बात करो

जब मेरे रोने से तुम्हें कोई फर्क ही नहीं पड़ता तो मेरे होने
या ना होने से तुम्हें क्या फर्क पड़ेगा जहर भी देने लायक
नहीं थे कुछ लोग और हम जिंदगी भर उन्हें अपने राज़
बताते रहे जहर का भी अपना हिसाब होता है मरने के
लिए थोड़ा सा और जीने के लिए बहुत सारा पीना पड़ता है
कभी हारने का इरादा हो तो उन लोगों को याद कर लेना
जिन्होंने कहा था कि तुम से कुछ नहीं होगा कभी कभी
गलती सामने वाले की नहीं होती बस हम ही जरूरत से
ज्यादा उम्मीद लगा लेते हैं जरूरी नहीं कि कुछ गलत
करने से ही दुख मिले हद से ज्यादा अच्छे होने की कीमत
भी चुकानी पड़ती है हम खुद से गिरे थे, खुद से ही उठेंगे

अब ना किसी का हाथ चाहिए और ना किसी का साथ चाहिए किसी को आसानी से मत मिल जाना क्योंकि लोग आपको सस्ता समझने लगेंगे देने वाले की हैसियत है साहब कोई प्यार देता है तो कोई धोखा देता है अब फर्क नहीं पड़ता कि कोई भी दिल दुखाये बता दो दुनिया को की घाव पर घाव दर्द नहीं देता, दुखी व्यक्ति को सलाह की नहीं, साथ की जरूरत होती है लेकिन लोग सलाह दे दे कर उसे और दुखी कर देते हैं जब हमारे पास कुछ नहीं होता तब लोग हमे इग्नोर करते हैं जब हम एक अच्छे मुकाम पर पहुँच जाते हैं तब यही लोग हमसे बात करना और रिश्ते बनाना चाहते हैं तारीफ करके किसी भी आदमी से कोई भी बेवकूफ़ी कराई जा सकती है अखंड और अभिमान एक मानसिक बीमारी है जिसका इलाज कुदरत और समय जरूर करता है उम्र भर भटकना ही बेहतर है किसी गलत जगह बंद जाने से दुनिया से दो कदम पीछे ही सही, लेकिन आप अपने दम पर चलना दुनिया का उसूल है जब तक काम है, तब तक आपका नाम है वरना दूर से ही सलाम है आप जितना ज्यादा सच के करीब जाओगे आप की ज़िन्दगी में दोस्त उतने कम होते जाएंगे जब रिश्ता पुराना हो जाता है तो कदर खत्म हो जाती है

...

# 45. उलझन

कभी कभी हमारे साथ ऐसा भी हुआ है किसी से पूछते हैं की कैसे हो तो लोग रोने लग जाते हैं इतना दर्द इतनी पीड़ा हृदय में लेकर बैठे हैं, सिर्फ कोई इतना पूछें कि कैसे हो तो रो पड़ते हैं आप कैसे हो क्या आप खुश हो क्या अब की जिंदगी में खुशियां हैं क्या आपके दिल में सुकून है क्या आपके मन में शांति है आपके जरूरत की हर चीज़ आप बाजार से ला सकते हैं पर शांति कहाँ से लाएं सुकून कहाँ से लाए ऐसी कोई दुकान नहीं जहाँ शांति बिकती हो जहा सुकून बिकता हो

फिर लोग शांति के लिए सुकून के लिए सुख के लिए भटकते रहते हैं सोचते हैं कि पैसा मिल जाएगा तो हर खुशी मिल जाएगी सोचते है की अच्छा जीवनसाथी मिल जाएगा तो खुशियां मिल जाएगी सोचते है की घर में बच्चे आ जाये तो जिंदगी में खुशियां आ जाएगी जिनको बच्चे नहीं हैं वो भी रो रहे हैं जिनको है वो भी रो रहे हैं जिनके पास अच्छा जीवन साथी नहीं है वो भी रो रहे हैं जिनके पास है वो भी रो रहे जिनके पास धन नहीं है वो भी रो रहे हैं जिनके पास धन है वो भी रो रहे हैं शिकवे तो सभी को है जिंदगी से साहब पर जो मौज में जीना जानते हैं वो शिकायत नहीं करते जिंदगी में ये मायने नहीं रखता की आपने जिंदगी को कितना जिया बल्कि ये मायने रखता है की जिंदगी में आप कितना खुश रहे सारी जिंदगी लोग

भटकते रहते हैं खुशी को पाने के लिए सुकून को पाने के लिए एक राजा था, उसके पास सबकुछ था, चक्रवर्ती सम्राट था सब रह जाओ से बड़ा सब कुछ होने के बाद भी उसके मन में सुकून नहीं था, शांति नहीं थी एक खालीपन सा था जिंदगी में एक कमी सी लगती थीं हमेशा उसे वो राजा अपने गुरूजी के पास गया और अपने दिल की बात सारी गुरु जी को बता दी सबकुछ होते हुए भी मेरे मन में सुकून नहीं है शांति नहीं इतना बड़ा मेरा राज्य है, मुझको सब कुछ प्राप्त धन की कमी नहीं है परिवार की कमी नहीं है हर चीज़ है मेरे पास बस मैं मुँह से कुछ बोलू मेरी वो ख्वाहिश उसी क्षण पूरी हो जाती है पर फिर भी मन में सकून नहीं है, मन दौड़ता रहता है, शान्ति नहीं राजा ने अपनी गुरूजी से पूछा आप बताओ गुरुदेव मैं क्या करूँ कैसे सुकून मिले, कैसे शांति मिले, मन को क्या करूँ गुरु जी ने बोला, अगर तुझे सुकून चाहिए, शांति चाहिए तो उस इंसान का कुर्ता पहनो जिसकी जिंदगी में शांति और सुकून हो गुरूजी ने बोला यदि तुम वो संस्थान का कुर्ता पहन लो गे तो तुम्हारा मन भी शांत हो जाएगा राजा ने बोला ठीक है मैं ऐसा ही करूंगा वो अपने राजमहल में आया और उसने सब लोगों से पूछा क्या आप सब लोग खुश हो किसी को कोई परेशानी तो नहीं आपके मन में शांति है, सुकून है क्या आप लोग हमेशा खुश रहते हो जैसे ही राजा ने उससे पूछा तो सब लोगों ने अपने दुख बताना शुरू कर दिए हर कोई कहने लगा महाराज बस मर नहीं रहे हैं इसलिए जी रहे बहुत परेशानियां हैं, बहुत दुख है, मन में बहुत बेचैनी है, बहुत अशांति है, शांति नहीं होता मन हमारा राजा ने देखा कि इनकी हालत तो मुझसे

भी खराब है फिर राजा ने पूरे नगर में घोषणा करा दी कि जो भी व्यक्ति हमेशा खुश रहता हो, जिसके मन में शांति और सुकून ओं वह व्यक्ति मुझे आकर मिले तो उसे नाम दिया जाएगा पर घोषणा करने के बाद भी कोई नहीं आया क्योंकि हर इंसान के जीवन में कोई ना कोई उलझन तो है ही और मन कहाँ किसी का शान्ति से बैठता है फिर राजा ने अपने सैनिकों को भेजा की जाओ और कहीं से भी ऐसा इंसान ढूंढ़ के लाओ जो हमेशा खुश रहता हो, जिसके मन में शांति और सुकून हो काफी दिन तक सैनिक ढूंढ़ते रहे एक दिन नदी किनारे एक महात्मा दिखा उस महात्मा के चेहरे पे एक ऐसी खुशी थी जो उन्होंने पहले कभी नहीं देखी किसी के चेहरे पे उन महात्मा के हावभाव में सुकून था, शांति थी वो सैनिक उस महात्मा के पास आये और उस महात्मा से पूछा, महात्मा की आप खुश हैं क्या आपका मन शांत है क्या आपकी जिंदगी में सुकून है महात्मा ने बोला की मैं परम शांति को पा चुका हूँ मेरे मन में हमेशा सुकून रहता है सैनिकों ने कहा आप से हमारे महाराज मिलना चाहते हैं प्रार्थना करके वो उस महात्मा को अपने राजा के पास ले आया सैनिकों ने कहा महाराज ये महात्मा हमेशा खुश रहते हैं और ये कह रहे है की मैंने परम शांति को पा लिया है तो राजा ने उन महात्मा से कहा महात्मा यदि आपका मन हमेशा शांत रहता है और यदि आपके हृदय में हमेशा सुकून रहता है तो आप अपना कुर्ता मुझे दीजिए पहनने के लिए तो वो महात्मा बोले राजा मेरे पास सुकून है, शांति है, खुशिया है पर कुर्ता नहीं है पहनने को, क्योंकि मेरी कोई इच्छा ही नहीं है मुझे कुछ चाहिए ही नहीं जब तक मुझे कुछ

चाहिए था, कभी खुशी नहीं मिली जब तक मुझे ये लगता था मुझे ये मिलजाए तो मैं खुश हो जाऊंगा, मुझे वो मिल जाए तो मैं खुश हो जाऊंगा, शांति मिल जाएगी सब कुछ भाग के देख लिया पर शांति नहीं मिली

**रास्ते कहाँ खत्म होते हैं ज़िंदगी के सफर में मंजिलें तो वही है**

**जहाँ ख्वाहिशें थम जाए, सुकून शांति तब मीलती है** जब हमारा मन कुछ चाहना छोड़ देता है ये जो हम कहते है ना की मुझे शांति चाहिए मुझे सुकून चाहिए आई वॉन्ट पीस अगर आई और वॉन्ट हट जाए तो पीस तो है ही, शांति कहीं बाहर से नहीं आएगी वो तो हमारे हृदय में है ही, पर हमारी मैं की वजह से हमारी इच्छाओं की वजह से उस शांति को हम अनुभव नहीं कर पाते इसलिए हमारा मन हमेशा तनाव से घिरा रहता है परेशानियों से घिरा रहता ज़िंदगी तो सब को मीलती है पर जीना सबको नहीं आता दिल की धड़कन सिर्फ इतना बताती है की इंसान जिंदा है या नहीं पर किसी के दिल की खुशी ये बताती है की इंसान जी रहा है या नहीं जिंदगी जीने के दो वसूल बना लो रहो तो फूलों की तरह रहो और बिखरो तो खुशबू की तरह बिखर जाओ दुनिया में जो महान लोग हुए हैं, जिन्होंने शांति को पाया जिन्होंने सुकून को पाया, जिन्होंने हमेशा रहने वाली खुशी को पाया आपको क्या लगता हैं उनकी जिंदगी में चुनौतियां नहीं आयी उनकी जिंदगी में दुख नहीं आये, तकलीफें नहीं आई उनकी जिंदगी में दुख शायद आपकी जिंदगी से भी बढ़ गया तभी वो उन दुखों से ऊपर उठकर देख पाए पर हम कभी अपने दुखों से ऊपर उठकर देख ही नहीं पाते ज़रा सा भी देखा जाये तो

हम हार मान जाते है, टूट जाते है एक राजा को एक दिन मन में खयाल हुआ कि मैदान करूँ पर मैदान उस व्यक्ति को करूँ जो उसके योग्य हो, सत्पात्र हो उसका सही उपयोग करें तो राजा ने सोने की मोहरों से भर के एक थैली सड़क के बीच में रख दी और उसके ऊपर बहुत बड़ा भारी सा पत्थर रख दिया जब रास्ते के बीचोबीच राजा ने वह पत्थर रखा तो आने जाने वालों को थोड़ी तकलीफ होने लगी पर उस पत्थर की तरफ ज्यादा किसी ने ध्यान नहीं दिया हर कोई उस मार्ग से निकल गया राजा छिपकर ये सब देख रहा था थोड़ी देर बाद एक किसान वहाँ से गुज़रने लगा उसके सर पे कुछ सामान था उसने वो सामान उतार के सड़क के किनारे रखा और उस पत्थर को हटाने की कोशीश करने लगा पत्थर बहुत भारी था उससे बहुत मेहनत करनी पड़ी बहुत परिश्रम करना पड़ा उस पत्थर को सड़क के बीच में से हटाने के लिए जैसे ही उसने वो पत्थर सड़क से हटाया तो उसने देखा वहाँ सोने के मोहरों से भरी हुई एक थैली रखी है किसान इधर उधर देखने लगा इतने में राजा बाहर आ गया राजा ने कहा, आज मैं ये सोने की मुहरें दान देने के लिए निकला था पर मैं चाहता था ऐसे कोई योग्य व्यक्ति ले मैंने मार्ग के बीच में पत्थर रखा सब लोगों ने इस पत्थर को देखा पर किसी ने इसे हटाया नहीं कोई ये बोल के गया की राजा ध्यान नहीं देता सड़क के बीच में पत्थर पड़े हैं कोई ये बोल के गया कि नगर पालिका अपना काम नहीं करती कोई ये बोल के गया इस जगह पे रहने वाले लोग ध्यान नहीं दे रहे कि सड़क पे इतना बड़ा पत्थर है पर किसी ने भी इस पत्थर को यहाँ से हटाया नहीं सब दूसरों को दोष देते रहे फिर

तुमने ये पत्थर क्यों हटाया किसान ने बोला इस पत्थर को देख के मुझे लगा कि इस पत्थर की वजह से आने जाने वाले हर राहगीर को कितनी पीड़ा होगी, कितनी तकलीफ होगी मुझे लगा की यदि मेरे परिश्रम से राहगीरों की परेशानी दूर हो जाती है तो हमें यह परिश्रम करने के लिए तैयार हूँ राजा ने कहा, तुमने इस पत्थर को अपने मार्ग से हटाया इसलिए सोने की मोहरें मैं तुम्हें देता हूँ ऐसे ही हमारी जिंदगी में भी दुखों के परेशानियों के पत्थर आते रहते है चार दिन खुशी के आते है फिर कोई परेशानी, फिर कोई दुख और हम क्या करते है हम उस दुख से बच के निकलने का प्रयास करते हैं हम चाहते हैं कैसे भी ये दुख टल जाए पर जो महान लोग होते है उस दुख को पार करके निकलते हैं, उस दुख से जीत करके आगे निकल जाते हैं, अपनी जिंदगी के दुखों से आभार हूँ मत अपनी शक्ति को पहचानो जिसने भी शांति को पाया है, जिसने भी सुकून को पाया है वो लोग अपनी जिंदगी के दुखों को भुलाकर आगे बढ़ गए यदि आप भी सुकून को पाना चाहते हैं, शांति को पाना चाहते हैं तो अपने गम को भूल जाइए क्योंकि जब तक आप दुखों को याद रखेंगे, कैसे शांति मिले गी कैसे सुकून मिलेगा आपको यदि आप शांति चाहते हैं तो अपने पुराने दुखों को भूल जाइए, अपने मन को उन पुराने दुखों के बोझ से आजाद कर दीजिये फिर देखना आपको खुद ही शांति और सुकून का अहसास होगा

# 46. लकीरों में

तेरे हिस्से में आई खुशियां, तेरे हिस्से में गम
नहीं आए


तेरे हिस्से में आई खुशियां, तेरे हिस्से में गम
नहीं आए


इन हाथों में बस लकीरें आई इन लकीरों में, तुम
नहीं आए

# 47. मैं की हवा

कमियां ढूंढोगे तो मिल ही जाएगी रथ के बंदे है रब तो
नहीं

जिन्हें निभाना होता है वो ना तो बड़ी बड़ी कसमें खाते है
नहीं, छोटी छोटी बात पर जताते हैं

बहुत से उलझनों का जवाब यही है मैं अपनी जगह सही
हूँ, वो अपनी जगह सही हैं

इतना बेहतर न खोजों की बेहतरीन को खों दो

ठुकरा दो अगर दे कोई जिल्लत से समंदर इज्जत से जो
मिले तो वो कतरा भी बहुत है

बात तो किरदार की है वरना कद में तो साया भी बड़ा
होता है

जिंदगी का सबसे बड़ा थप्पड़ भरोसा मारता है

# 48. नाम का द्विवेदी

एक इलज़ाम जो मेरे सर आ गया है

तेरी बातों का मुझमें असर आ गया है

एक इलज़ाम जो मेरे सर आ गया है

तेरी बातों का मुझमें असर आ गया है

मैं इतना बदल गया हूँ क्या देखो ...

मैं इतना बदल गया हूँ क्या देखो ....हाँ ज्यादा नहीं, मगर
आ गया है

हाँ, ज्यादा नहीं मगर आ गया है ..

बाप ने अटपटी सी खुशी पर भी मिठाई बाँटी

बाप ने अटपटी सी खुशी पर भी मिठाई बांटी

बेटा भागा था घर से अब घर आ गया है...

बेटा भागा था घर से अब घर आ गया है

जब से पता लगा है वो उसी के साथ खुश है

जब से पता लगा है वो उसी के साथ खुश हैं

मेरे अंदर के सवालों के सबर आ गया हैं

तुम्हें अगर नहीं आती याद तो कोई गिला नहीं...

तुम्हें अगर नहीं आती याद तो कोई गिला नहीं...

हमें भी भूल जाने का हुनर आ गया है...

हमें भी भूल जाने का हुनर आ गया है .....बस वही गज़ल

मेरी पसंद आती है उसको

बस वही गज़ल मेरी पसंद आती है उसको

उसके नाम का द्विवेदी आज इधर आ गया है

उसके नाम का द्विवेदी जिधर आ गया है
अब तक वो डरती रही मुझे खोने से पर अब....
अब तक वो डरती रही मुझे खोने से,
पर अब मेरे अंदर भी थोड़ा सा डर आ गया हैं
तेरी मेहनत ने आखिर रंग दिखाई दिया शिवांशु
तेरी मेहनत ने आखिर रंग दिखाई दिया शिवांशु
सामने सर झुकाए खुद शिखर आ गया है

# 49. नज़्में

तुम्हारा साथ नहीं लिखा किस्मत में तो ये फूटी कौड़ी की
भी तकदीर नहीं है
हर जगह से तुम्हें हटा चुका हूँ अब मेरे बटुए में भी
तुम्हारी तस्वीर नहीं है
अब तो ऐसा लगता है एक दिन तुम्हारी प्रेम में बिक
जाऊंगा मैं
अब तो ऐसा लगता है एक दिन तुम्हारी प्रेम में बिक
जाऊंगा मैं
चाँद को कभी प्रेम से देखना उसी में ही दिख जाऊंगा मैं

...

तुम जिंदगी भर खुद को पढ़ना और देखना मशहूर होते
हुए
तुम्हारे इस दिए दर्द पर महरम लाखों नज़्में लिख जाऊंगा
मैं ....

# 50. निशानियां

सबको लगती है वो परेशानियाँ अब तक संभाल रखी है
तेरी निशानियां अब तक

उसका बाग तो सालों पहले ही उजड़ गया बागबां रखता है
निगेबानी या अब तक

उसने मुँह क्या मोड़ा मेरी गली से एक दिन

उसने मुँह क्या मोड़ा मेरी गली से एक दिन महसूस होती
है वीरानियां अब तक

महसूस महसूस होती है वीरानियां अब तक ...
उसका फरेब रंगे हाथों पकड़ा है जब से

उसका फरेब रंगे हाथों पकड़ा है जब से ..
पसीने से तर हैं पेशानियां अब तक ....

# 51. हुनर

कदम बक्श है तो तौफीक ए सफर भी देना , ज़िंदगी दी है तो जीने का हुनर भी देना

तो इस तरह से मुझे गरीब लगता है तुझे अलग समझो तो अजीब लगता है

जिसे ना तुझसे ना तेरे नाम से प्यार है , वो इंसान तो मुझे बदनसीब लगता है

इबादत है किसी भूखे को खिला देना , इबादत है किसी रोते को हंसा देना

इबादत है किसी उजड़े को बसा देना , ये बात है किसी पिछड़े को मिला देना ....

खदान उनको नहीं मिलते , खुद ही के जो है मतवाले

खुदा वो खुद ही बनते हैं , खुद ही को जो मिटा डाले

कहीं पे धर्म कही पे ईमान बनते हैं , हिंदू, सिख, ईसाई या मुसलमान बनते हैं

ये वो महफिल ऐसा कि जहाँ आकेल, इंसान बनते हैं .

# 52. हम उनके परछाई

दर्द होता है ये देख के जिन माता पिता ने जिंदगी दी खुद की खुशियों को मिटाकर भी हमें सबकुछ दिया आज उनके लिए ही घर में जगह नहीं, जिन माता पिता ने अपना सारा जीवन बच्चों पर कुर्बान कर दिया आज जब उन्हें जरूरत है तो बच्चो के पास उन्हें देने के लिए कुछ भी नहीं है माता पिता का साथ में रहना एक बंधन सा लगता है आज के समय में लोगों की बुद्धि ऐसी हो गई है किसी से पूछो कि कैसे हो तो कहते हैं कि बहुत काम बढ़ गया है, क्योंकि माता पिता हमारे यहाँ रहने आए हैं, जब तक दूसरे बेटे के यहाँ नहीं जाएंगे तब तक हमें ही उनका सब कुछ देखना पड़ेगा अपनी भाषा को बदलिए और कहिए, हम अपने माता पिता के साथ रहते हैं और हमें इस बात का गर्व है हमारे माता पिता हमें अपने साथ में रखते हैं घर के असली मालिक तो हमारे माता पिता हैं उसे जरूरत नहीं पूजा और पाठ की जिसने पूजा की अपने माँ बाप की हमारी संस्कृति में, हमारे वेदों में, भगवान से भी पहले माता पिता का स्थान बताया गया सबसे पहले मातृदेवोभवा पितृ देवो भव माता पिता प्रथम पूजनीय है कभी भी जिंदगी में अपनी सफलताओं का आरोप अपने माता पिता को मत दिखाना क्योंकि उन्होंने अपनी जिंदगी हार के आपको जताया है जिसमें माँ बाप ने हमें बोलना सिखाया आज हम उन्हें ही चुप करा देते हैं माता पिता के

ऋण से कभी कोई अऋणी नहीं हो सकता हमारा वजूद ही उनकी वजह से संसार की सारी संपत्ति देखे भी मौजूद को नहीं खरीदा जा सकता ज़िंदगी को नहीं खरीदा जा सकता कई लोग कहते हैं कि हमारे माता पिता हमारे लिए कुछ नहीं छोड़ कर गए कई लोग तो इतने मंदमति होते हैं जो कहते हैं कि माता पिता ने जायदाद में हिस्सा ही नहीं दिया, कुछ नहीं छोड़ के गए मेरे लिए क्या आपको पता नहीं है आपके माता पिता क्या छोड़कर गए आपकी जिंदगी आपका होना जो आज आप खड़े हैं वो छोड़ के गए जिसके होने से मैं खुद को मुकम्मल जानता हूँ मेरे रब्ब से पहले मैं अपने माँ बाप को मानता हूँ याद रखना जिसदिन आपकी वजह से आपके माता पिता की आँखों में आंसू आ गए, आपके किए गए सारे पुण्य सारे धर्म अकरम सब उनके आंसुओं के साथ बह जाएंगे जो लोग अपने माता पिता को रुलाते हैं उनकी पूजा भगवान कभी नहीं स्वीकार करते घर के देवता को रुला के मंदिर के देवता को राजी करने से क्या फायदा और याद रखना जो कुछ भी आप अपने माता पिता के साथ करोगे वही आपके बच्चे आपके साथ करेंगे दुनिया गोल है जहाँ से घूमना शुरू होती है वहीं आकर रुकती है

एक बार अपने माता पिता से उनके बेटे ने कहा मैं अपनी बीवी और बच्चों के साथ बाहर पार्टी में जा रहा हूँ, मैं तो वही खाके आऊंगा आप एक काम करना पास में गुरुद्वारा है आप वहीं से ही लंगर खाके आ जाना जब वह घर से निकले तो रास्ते में उस लड़के के बेटे ने अपने पिता से पूछा जब आप भविष्य में बड़ा घर लोगे तो गुरुद्वारा के पास में लेना पिता ने पूछा ऐसा क्यों गुरुद्वारे के पास में

घर क्यों चाहिए तो उसका बेटा बोला जैसे आज आप दादा दादी को गुरूद्वारे में लंगर खाने के लिए कहा गया है जब बड़ा हो के मैं पार्टी में जाऊंगा तो आपको भी तो लंगर में जाना पड़ेगा ना अपने बेटे की ऐसी बात सुन के वो होश में आ गया उसी समय अपने घर लौट कर आया और अपने माता पिता से माफी मांगी तो जो भी आप अपने माता पिता के साथ करोगे आपके बच्चे आपके साथ करेंगे एक पिता अपने पुत्र से बहुत प्यार करता था उनकी पत्नी मर चुकी थी तो उन्होंने अपने पुत्र को पाल पोस के बड़ा किया रोज़ जंगल से लकड़ियां काट कर लाते रोज़ वो लकड़िया बेचते अपने बच्चे का पेट भरते वो अपने बेटे को बहुत समझाते की बेटा कुछ काम करो अपने पैरो पे खड़े हो जाओ कुछ सीख जाओ मैं कब तक तुम्हारे साथ रहूंगा पर वो अपने पिता की एक बात नहीं मानता था और एक दिन ऐसा आया जब उस लड़की के पिता वृद्ध हो गए असहाय हो गए तो वो काम नहीं कर पाते थे, बीमार रहने लगे जब उनके बेटे ने देखा कि मेरे पिता अब मुझे कमा के खिला नहीं सकते तो इन की क्या जरूरत है उसने सोचा मैं खुद का खयाल नहीं रख सकता तो अपने पिता को कैसे संभालूंगा उसने एक योजना बनायी वो बाज़ार गया और एक ताबूत बनवाके लाया उसने सोचा इस ताबूत में पिताजी को डाल के मैं पहाड़ की चोटी से फेंक दूंगा वो ताबूत लेकर घर आया अपने पिता से बोला पिताजी आपकी तबियत बहुत खराब है, आप इस ताबूत में लेट जाईये मैं आपको डॉक्टर के पास लेके चलता हूँ उसके पिताजी समझ गए, वो चुपचाप उस ताबूत में लेट गए जब वो लड़का उस ताबूत को लेकर पहाड़ की चोटी पर पहुंचा

तो अंदर से पिता ने आवाज़ दी बेटा ताबूत को खोलो, मुझे तुम्हें एक बात बतानी है उससे लगा कि पिताजी कहीं भाग न जाए तो पिताजी ने आवाज लगाते कहा कि मैं कहीं नहीं भागूंगा, तुम मुझे खोलो तो मैं तुम्हारे फायदे की बात तुम्हे बताता हूँ उसे लगा हो सकता है पिताजी के पास कोई संपत्ति हो जो मुझे देना चाहते हो जैसे उसने वो ताबूत खोला उसके पिता महरा के बोले की बेटा मुझे पता है तुम क्या चाहते हो, मैं खुद इस पहाड़ की चोटी से कूद जाऊंगा मुझे इस ताबूत की जरूरत नहीं है इस ताबूत को तुम घर ले जाओ एक दिन ये ताबूत तुम्हारे बच्चों के काम आएगा क्योंकि जो तुम मेरे साथ करोगे, तुम्हारे बच्चे भी तो वही तुम्हारे साथ करेंगे ना ये बात सुनके उसके दिल को धक्का लगा अपने पिता के पैरों में गिर के वो माफी मांगने लगा

कैसी विडंबना है एक माँ बाप चार बच्चों को पालते हैं प्रचार बच्चे भी मिल के एक माँ बाप को नहीं पाल सकते किसी ने रोजा रखा, किसी ने उपवास रखा पर कबूल सिर्फ उनका हुआ जिन्होंने माँ बाप को अपने पास रखा आपके माँ बाप आपके लिए धरती पे भगवान की मूर्त है जेब खाली हो फिर भी मना नहीं करते देखा मेरे पिता से बढ़के अमीर इंसान मैंने कभी नहीं देखा भगवान ना दिखाई देने वाले माता पिता हैं और माता पिता दिखाई देने वाले भगवान हैं कई लोग पूछते हैं भगवान कैसा दिखता है, भगवान से कैसे मिले आपको बाहर कहीं ढूंढने की जरूरत नहीं आपके भगवान आपके घर में ही है और वो आपके माता पिता हैं आपके माता पिता ने आपके बचपन में आपको शहजादों की तरह रखा, अब आपका फर्ज है आप

उनके बुढ़ापे में उन्हें बादशाहो की तरह रखें लोग कहते हैं भगवान कृष्ण द्वारिका के राजा थे लेकिन वो पूरे जीवन में कहीं के भी राजा नहीं बने द्वारका के राजा भगवान कृष्ण के माता पिता थे उन्होंने पूरी सोने की नगरी का मालिक अपने माता पिता को बनाया और हम छोटे से मिट्टी के मकानों के लिए माँ बाप से लड़ते हैं इसीलिए तो इतनी उलझन है हमारी जिंदगी में क्योंकि हम अपने माता पिता का दिल दुखाते हैं किसी भी मुश्किल का आज कोई हल नहीं मिलता शायद अब कोई घर से माँ बाप के पैर छूकर नहीं निकलता याद रखना जिन घरों में पहले माता पिता से सलाह नहीं ली जाती उन्हीं घरों में बाद में वकीलों से सलाह ली जाती है माँ बाप के प्रेम की तुलना में संसार का प्रेम एक कतरा भी नहीं माँ एक ऐसी बैंक के जहाँ आप हर दुख, हर तकलीफ जमा करा सकते हैं और पिता एक ऐसा क्रेडिट कार्ड है जिसके पास बैलेंस ना भी हो तो भी आपके सारे सपने पूरे करने की कोशीश करता है इनके त्याग इनकी ममता को कभी लज्जित मत करना अपने माता पिता पे तो सब नाश करते हैं कि मेरे माता पिता बहुत अच्छे हैं हमे गर्व हैं उनपे, लेकिन किस्मत वाली वो औलादें हैं जिन पर उनके माता पिता को गर्व होता है की ये हमारे बच्चे हैं हम इनके माता पिता है जिसदिन आपके माता पिता को आप पर गर्व हो समझना उस दिन आपने दुनिया जीत ली अपने माता पिता की संपत्ति पे घमंड करने में क्या खुद्दारी मज़ा तो तब है जब दौलत आपकी हो और गर्व आपके माँ बाप को हो तो ऐसा काम करो जिंदगी में जिससे आपके माता पिता आप के लिए गर्व से कहें ये मेरा बेटा है, ये मेरी बेटी है ऐसा काम कभी मत

करना जिससे आपकी वजह से उन्हें सर झुकाना पड़े कभी भी अपने माता पिता का दिल मत दुखाना नसीब वाले होते हैं वो लोग जिनके सर पर हमेशा माता पिता का हाथ रहता है

एक लड़की की माँ पढ़ी लिखी नहीं थी स्कूल में उसे सब चिढ़ाते थे की तेरी माँ अनपढ़ है पर उसकी माँ अपनी बेटी के लिए घर घर में काम करती दिन रात मेहनत करती की मेरी बच्ची अच्छे से अच्छी पढ़ाई कर सकें बहुत ज्यादा काम करने की वजह से कमजोर भी रहती एक दिन उसका रिज़ल्ट आया उसने घर आकर बताया की मेरे क्लास में सबसे अच्छे मार्क्स आये हैं मैं टॉपर हूँ क्लास की उसके पिता ने कहा मुझे भी रिज़ल्ट दिखाओ, हमें गर्व है तुम पे वो बहुत खुश हुए यह बात उसकी माँ न सुनी मेरी बेटी क्लास की टॉपर हैं वो दौड़ते हुए बाहर आईं बोलीं बेटा मुझे भी दिखाओ, तुम्हारे कितने मार्क्स आये मैं बहुत खुश हूँ आज उसकी बेटी ने गुस्से में कहा की आपको रिज़ल्ट दिखाने से क्या फायदा आप तो अनपढ़ हो आपको क्या पता इसमें क्या लिखा है ये बोल के वो तेजी से घर से बाहर निकल गयी उसकी माँ रोने लगीं एक दिन जब वो घर से स्कूल के लिए जा रही थी तो उसका एक्सीडेंट हो गया उसको अस्पताल लाया गया उसके माता पिता को खबर दी गई माँ दौड़ते हुए हॉस्पिटल पहुंची, देखा तो उसकी बेटी को खून की जरूरत थी और जो उसका ब्लड ग्रुप था वो हॉस्पिटल में अवेलेबल ही नहीं था अपनी माँ से उसका खून मैच हो गया उसकी माँ का खून उसकी बेटी को चढ़ाया गया कुछ टेक्निकल एरर के कारण तकनीकी समस्या के कारण उसकी माँ का बहुत ज्यादा खून उसकी

बेटी को चढ़ा दिया गया जिसकी वजह से उसकी माँ ने दम तोड़ दिया जब उनकी बेटी को होश आया तो उसके पिता ने कहा हाँ बेटी तेरी माँ अनपढ़ थी अनपढ़ थी तभी तेरे लिए जाकर घर घर काम करती थी की तू अच्छे से अच्छे स्कूल में पढ़ सके, अनपढ़ थी इसलिए सिर्फ तेरे ही कमरे में एसी लगवाया की तू शान्ति से पढ़ सकें अनपढ़ थी इसीलिए तुझे खून दिया, यह जानते हुए भी कि उसे खून की कमी है अनपर्ती इसीलिए तुझे अनाथ आश्रम से ले के आयी और तुझे कभी एहसास भी नहीं होने दिया की दो उसकी बेटी नहीं जब उस लड़की को पता चला की ये मेरे असली माँ बाप नहीं हैं तो फूट फूटकर रोने लगी किस्मत वाले हो आप जो आपके माँ बाप के साथ है

*मैं अपने माता पिता के चरणों में बार बार वंदना करता हूँ और उन्हें कोटि कोटि प्रणाम करता हूँ और संसार के समस्त माता पिता को मैं बार बार प्रणाम करता हूँ ....*

# आभार

पथिक की राह के सभी पाठकों को सादर धन्यवाद जो मेरी पहली पथिक की राह थी तो मनैं अपनी पहली लक्ष्य केंद्रित पुश्तिका जो लिखी है उस में मूल रूप से लक्ष्य का आवरण लिखा गया है जसै कि आपको ज्ञात है कि लक्ष्य पर घूम कर चलते हम बहुत सारी समस्याओं का सामना करना पड़ता है उनका अवलोकन और अपने अनकुल अथवा प्रति कूल रूप से धारण करते हैं चाहे वह प्रेम हो विराग हो प्रलाप ,विनय , बहुत सारी अन्य कल्पनाएं ...

पथिक की राह जो मेरी यह पस्तिका इसमें मनैं युवा पीढ़ी के प्रेम को दर्शाते हुए राग द्वेष विमोचना आलोचना आदि अनभुतू प्रस्ततु है इसमें मेरे साथ तनु और अन्य सहपाठक हैं शिवांग सोनी , अभिषेक , अभिजीत तिवारी , राज , सुदामा ,जगतपति , अखडं , दीपक और बहुत सारे मित्र हैं....

मुख्य रूप से लेखक हैं वह शिवांशु- तनु, आकाश चतर्वेुदी

इस कलम के आगाज को हमने बहुत कलमा कर लिखा है अगर आपके मन में हमारी पक्तिं थोड़ा सा भी घर कर जाए तो... आहट जरूर दीजिएगा शिवांशु तनु सहित सभी मित्र मडंली के तरफ से सादर नमस्कार स्वीकार करें...

बहुत धन्यवाद

Email : - pshivanshu246@gmail.com

web : - https://shivanshudwivedi246.blogspot.com/

{ pathik ki raah }